C.H.BECK WISSEN

in der Beck'schen Reihe

In diesem Buch werden die Hauptlinien der ereignisreichen Geschichte Schleswig-Holsteins von der Frühgeschichte bis zur Gegenwart übersichtlich dargestellt. Die politische Geschichte bildet den festen Rahmen und liefert die Chronologie; darin eingebettet sind Betrachtungen über Gesellschaft, Wirtschaft und Kultur in den einzelnen Epochen. Ein eigener Schwerpunkt liegt auf der Geschichte des Bundeslandes nach dem Zweiten Weltkrieg bis heute.

Robert Bohn lehrt an der Universität Flensburg Mittlere und Neuere Geschichte. Die Geschichte Nordeuropas und Norddeutschlands sind Schwerpunkte seiner Forschung. Von ihm liegen bei C. H. Beck vor: *Dänische Geschichte* (bsr 2162) sowie *Die Piraten* (bsr 2327).

Robert Bohn

GESCHICHTE SCHLESWIG-HOLSTEINS

Verlag C. H. Beck

Mit einer Karte

Originalausgabe

Gesamtherstellung: Druckerei C. H. Beck, Nördlingen
Umschlagentwurf: Uwe Göbel, München
Printed in Germany
ISBN-10: 3 406 50891 X
ISBN-13: 978 3 406 50891 2

www.beck.de

Inhalt

I. Rückblick in die Frühgeschichte

1. Von der Eiszeit zur Völkerwanderungszeit

Die Geschichte Schleswig-Holsteins beginnt nach der Völkerwanderung. Zwar war Nordelbien, das Land zwischen Elbe und Königsau, seit dem Abklingen der letzten Eiszeit vor 12000 Jahren kontinuierlich besiedelt, doch haben bis zur Völkerwanderungszeit, die im Norden mit der Invasion Britanniens durch Angeln, Jüten und Sachsen zu Beginn des 5. Jahrhunderts ihren Höhepunkt erreichte, keine über eine Stammesorganisation hinausführenden Staatsbildungsprozesse stattgefunden. Bei der Rekonstruktion der vor- und frühgeschichtlichen Gesellschaftsverbände und ihrer materiellen Lebensgrundlagen ist man auf archäologische Artefakte und deren Deutung angewiesen. Sie geben Aufschluss über einzelne kulturelle Entwicklungsstufen vom primitiven, von Mangel geprägten Dasein der Jäger und Sammler der Steinzeit bis zu den sesshaften Siedlungsverbänden der römischen Eisenzeit, d.h. bis zum Vorabend der Völkerwanderung. Ein tiefgreifender sozioökonomischer Wandel vollzog sich nach 4000 v. Chr. mit der sogenannten Neolithischen Revolution: Aus Jägern und Sammlern wurden Ackerbauern und Viehhalter, die feste Häuser und dorfähnliche Siedlungen anlegten, die ihr Zusammenleben differenzierter gestalteten und durch kultische Handlungen absicherten. Überschussproduktion, Vorratswirtschaft und Arbeitsteilung führten zu einem Bevölkerungsanstieg und zu sozialen Veränderungen. Durch Handelsbeziehungen über die Elbe nach Süden gelangten technische Innovationen nach Nordelbien, die ab ca. 1800 v. Chr. die Herstellung und den praktischen Gebrauch von Bronze und ab etwa 500 v. Chr. von Eisen ermöglichten. Aufgrund der kontinuierlichen Entwicklung einer einheitlichen Kultur von der späten Bronzezeit bis in die historische Zeit hinein nimmt die Ur- und Frühgeschichtsforschung eine germanische Ethnogenese an. Seit der Eisenzeit fand eine Ausdifferenzierung innerhalb dieser Kultur statt, die auf die Bildung von einzelnen germanischen Stammesverbänden schließen lässt, wobei in erster Linie durch Klimaverschlechterung ausgelöste Wanderbewegungen eine nicht unerhebliche Rolle spielten. Diese griffen schließlich über die Elbe nach Süden hinaus und gingen einher mit der Ausbreitung der Kelten. Durch den Kontakt mit der römischen Welt sind nun erstmals Namen von Völkerschaften überliefert, deren Ursprünge in Nordelbien bzw. Jütland auch archäologisch nachgewiesen sind. Es handelt sich um die Cimbern, Teutonen, Ambronen und Sueben. Tacitus und Ptolemäus nennen zudem Langobarden und Angeln als nord- bzw. unterelbische Stämme. Im zweiten Jahrhundert werden auch erstmals die Sachsen erwähnt, die aus dem Zusammenschluss der von Tacitus ‹Nerthus› genannten nordelbischen Kleinstämme entstanden sein dürften.

In der Vökerwanderungszeit setzte die Westwanderung der Sachsen ein, der sich die Angeln anschlossen. Jetzt stehen auch zunehmend schriftliche Quellen zur Verfügung. Die neuere Forschung geht davon aus, dass es bereits im 4. Jahrhundert regelmäßige Kontakte von der Cimbrischen Halbinsel aus zur englischen Ostküste gegeben hat. Mit dem Abzug der letzten römischen Besatzungstruppen aus Britannien kurz nach 400 und der wachsenden Bedrohung Mittelenglands durch Pikten und Skoten scheinen Angeln und Sachsen als *Foederati* in den Dienst britannischer Kleinkönige getreten zu sein. Dass sie dann als solche die Herrschaft an sich reißen konnten und dadurch den weiteren Zuzug aus ihren Stammlanden förderten, ist ein in der Geschichte nicht seltener Vorgang.

In Nordelbien blieb ein weitgehend entvölkertes Land zurück. Erst im späten 7. Jahrhundert setzte eine allmähliche Wiederbesiedlung ein: Durch Sachsen von südlich der Elbe sowie durch Jüten (Dänen) von Norden her. Hinzu kamen Neusiedler: Friesen, die sich auf den Geestinseln niederließen, und Slawen aus dem heutigen Mecklenburg – westslawische Abodriten mit ihren einzelnen Teilstämmen: den Wagriern, die in das östliche Hügelland und an den Unterlauf der Trave zogen, und den Polaben, die sich südöstlich davon im heutigen Lauenburg ansiedelten.

Aus dieser Zeit um 700 ist ansonsten aus dem Gebiet am Ende der Schlei ein einzelner, aber sehr bedeutsamer Bodenfund erhalten: das Danewerk. Dendrochronologische Untersuchungen datieren die erste Bauphase dieser Verteidigungsanlage, die über mehrere Jahrhunderte weitergebaut wurde, auf das frühe 8. Jahrhundert. Das Danewerk entwickelte sich während der Wikingerzeit (8.–11. Jahrhundert) zu einem verzweigten System von Wällen, das die Aufgabe hatte, die Schleswiger Landenge gegen Süden zu sperren. Die älteste Nachricht aus einer Schriftquelle über das Bauwerk stammt aus dem Jahre 808. In den fränkischen Reichsannalen wird berichtet, dass der dänische König Göttrik (Godfred) einen solchen Wall anlegte – möglicherweise zur Sicherung vor den Franken. Diese hatten kurz zuvor, 798, mit Hilfe der Abodriten die nordelbischen Sachsen unterworfen und drohten nun, ihre Herrschaft nach Norden auszuweiten. Zu einer militärischen Auseinandersetzung kam es indes nicht. Göttriks Neffe und Nachfolger Hemming schloss 811 mit Karl dem Großen Frieden, wobei erstmals der Flusslauf der Eider als Grenze zwischen dänischem und fränkischem Reich festgelegt wurde. Der archäologisch nachgewiesene Anfang des Danewerks reicht also fast hundert Jahre vor seine älteste Erwähnung zurück. Das lässt vermuten, dass es bereits um diese Zeit an der Schleswiger Landenge Spannungen zwischen Nord und Süd gegeben hat, die zum Bau der ersten – noch bescheidenen – Mauer führten.

Zu Beginn der historischen Zeit finden wir auf dem Gebiet des späteren Schleswig-Holstein mithin vier voneinander zu unterscheidende Ethnien: im Süden und Westen Sachsen und Friesen, im Norden Dänen (bzw. Jüten) und im Südosten Slawen. Sie grenzten sich nicht nur sprachlich und kulturell voneinander ab, sondern auch durch Befestigungen, mit denen sie ihre Siedlungsgebiete vor einem Ausgreifen der Nachbarn sicherten. Neben dem Danewerk ist der *Limes Saxoniae* nachgewiesen, ein mit Ringwällen versehener, dicht bewaldeter Grenzsaum, der von der Kieler Förde nach Süden bis zur Elbe verlief. Er trennte die Siedlungsgebiete von Sachsen und Abodriten voneinander. Auch die Friesen schützten sich durch Burgwälle gegen ihre Nachbarn. Das Siedlungsgebiet der Sachsen war in die drei

Gaue Dithmarschen, Stormarn und Holstein gegliedert. Von letzterem sollte sich später die Bezeichnung für alles Land zwischen Eider und Elbe ableiten.

2. Wikinger, Sachsen, Franken und Abodriten

Als das fränkische Reich Karls des Großen am Ende des 8. Jahrhunderts nach Nordelbien ausgriff, befand sich Dänemark im Prozess der sogenannten Reichssammlung, der großräumigen Königsordnung mit der Tendenz zur Zentralisierung und Territorialisierung der Herrschaft. Sie rief eine über Generationen andauernde politische und gesellschaftliche Konfliktkonstellation hervor, bis sich vor der Jahrtausendwende das Einheitskönigtum durchsetzen konnte – ein Entwicklungsmuster, das auch für die beiden anderen skandinavischen Reiche, Norwegen und Schweden, zutraf. Hierin ist eine von mehreren Ursachen für die Wikingerzüge zu sehen. Denn in dieser innergesellschaftlichen Auseinandersetzung wurden viele Große, die sich nicht unterordnen wollten, aus dem Land gedrängt – oder sie gingen freiwillig. Bei den Dänen setzten sich einige ambitionierte Herrscher oft auch selbst expansionistische Ziele, die gleichermaßen der Herrschaftssicherung und der Machtausweitung dienten. Waren es zu Beginn des 9. Jahrhunderts noch Raubzüge von einzelnen Wikingerhäuptlingen zur englischen, friesischen oder fränkischen Küste gewesen, so nahmen diese Züge ab etwa 840 sowohl an Häufigkeit als auch an Zahl der daran beteiligten Krieger zu. Allmählich änderte sich auch ihr Charakter: Ab der Mitte des 9. Jahrhunderts waren es mitunter große militärische Expeditionen, die von Königen oder Angehörigen des Königsgeschlechts geführt wurden.

Neben und mit diesen Raub- und Eroberungszügen, die immer wieder auch auf den Unterelberaum zielten, fand ein ausgedehnter Handel statt, und dessen wichtigster Umschlagplatz im Norden war Hedeby/Haithabu. Entstehung und Entwicklung dieser wikingerzeitlichen Siedlung wurden gefördert durch die günstige verkehrstechnische Lage an der innersten Bucht der Schlei. Von hier bis zur Wasserscheide auf der Geest waren nur etwa 15 km Landweg zu überwinden, um auf dem Flüsschen Treene bis zur Nordsee zu gelangen. Diese nirgendwo sonst auf der Cimbrischen Halbinsel so vorteilhaft gegebene Lage übte auf den Handel zwischen Ost- und Nordseeraum eine große Anziehungskraft aus. Wesentlichen Anteil daran hatten die Friesen, die in jener Zeit den Seehandel in der südlichen Nordsee beherrschten. Bedeutsam war auch, dass am Ende der Schlei der auf dem Geestrücken nord-südlich verlaufende uralte jütische Heerweg vorbeiführte. So war es nur natürlich, dass sich seit dem frühen 9. Jahrhundert ein bedeutender Fernhandelsplatz bildete, den Kaufleute von der Rheinmündung und England her regelmäßig besuchten, ja mitunter kamen sogar arabische Sklavenhändler von der Iberischen Halbinsel – aber auch Wikinger aus dem ganzen Norden, die ihr Beutegut losschlagen wollten. Nach Osten hin reichten die Handelsverbindungen bis ins Baltikum und – vermittelt durch die schwedischen Wikinger, die Waräger – darüber hinaus in den Orient. Einen bedeutenden Entwicklungsschub erhielt Haithabu dadurch, dass König Göttrik die abodritische Konkurrenz ausschaltete, indem er um 808 deren Küstenhandelsplatz Reric in der Wismarer Bucht zerstörte und tributpflichtige Händler zwangsweise von dort nach Haithabu umsiedelte.

Dieses Haithabu stand vom 9. bis zur Mitte des 11. Jahrhunderts im Mittelpunkt des politischen, militärischen und wirtschaftlichen Geschehens auf der Cimbrischen Halbinsel. Zur Blütezeit des Ortes lebten hier etwa 1500 Menschen, von denen die überwiegende Mehrzahl Handel und Handwerk betrieb. Hinzu kamen zahlreiche saisonal ansässige Händler. In Haithabu wurden erstmals nördlich der Elbe städtische Funktionen ausgebildet, und hier entwickelte das dänische Königtum eine materielle und symbolische Machtbasis, von der aus es weiter nach Süden auszugreifen versuchte. Bereits zu König Göttriks Zeiten ließ Karl der Große zur Abwehr dieser dänischen Herrschaftsansprüche in Holstein am Fluss Stör eine Burg errichten: Esesfeld, das heutige Itzehoe.

Auch in kultureller Hinsicht kam Haithabu eine große Bedeutung zu. Über diesen Ort sind entscheidende Impulse aus dem

Süden und Westen Europas in den Norden und Osten ausgegangen. Er wurde zum Ausgangspunkt der christlichen Mission nicht nur im Reich der Dänen. Dennoch dauerte es bis 948, ehe es dort unter der Herrschaft des zum christlichen Glauben übergetretenen Königs Harald I. Blauzahn zur Einrichtung eines Bistums als Suffragan des Erzbistums Hamburg-Bremen kam. Dies gelang jedoch nur durch Unterstützung Heinrichs I. und Ottos I. Das Bistum Haithabu umfasste etwa den Raum des späteren Herzogtums Schleswig; anfangs zählte auch der ostholsteinische Missionsraum dazu. Zu dieser Zeit hatte sich in Holstein und Stormarn seit gut 100 Jahren unter fränkischer Oberhoheit und nach der Zwangsbekehrung der Sachsen eine rudimentäre Kirchspielorganisation herausgebildet, deren Gemeinden aber ständigen heidnischen Einfällen aus dem Norden (Dänen) und Osten (Abodriten) ausgesetzt waren. 845 war Hamburg von dänischen Wikingern geplündert worden, woraufhin der Erzbischofssitz in das besser geschützte Bremen verlegt wurde. Von hier aus versuchten machtbewusste Erzbischöfe mit wechselndem Erfolg, die fränkische Kirchenpolitik nach Norden auszurichten.

Auch nach der Errichtung des Suffraganbistums in Haithabu sollte es Rückschläge geben. So kam es nach dem gewaltsamen Tod Harald Blauzahns 987 unter seinem Sohn und Nachfolger Svend I. Gabelbart (987–1014) zu einer heidnischen Reaktion, bei der der Bischof aus Haithabu vertrieben wurde. Erst unter König Knud II. (dem Großen, 1018–1035) wurde der Bischofsstuhl wieder besetzt. Das dänische Königtum konnte sich in dieser Zeit entscheidend festigen und in dem Nordseereich unter König Knud seine größte Machtentfaltung entwickeln. Im Unterschied zu seinem Vater Svend Gabelbart war sich Knud bewusst, dass er ohne das Mitwirken der Kirche ein solches Reich nicht würde regieren können. Deshalb förderte er die Kirche durch Schenkungen und Privilegien. Auch wurden durch die Benediktiner erste Klöster angelegt, die der katholisch-abendländischen Religion und Kultur den Weg in den skandinavischen Norden bahnten.

Während Knuds Regentschaft hatte allerdings bereits der Niedergang Haithabus eingesetzt, das mehrfach von norwegischen und schwedischen Wikingern heimgesucht wurde. Die letzte Verwüstung durch Norweger fand 1050 statt, und wenige Jahre später, 1066, besiegelte ein Überfall heidnischer Abodriten das endgültige Schicksal dieses Ortes. Haithabu wurde nicht wieder aufgebaut, und seine Funktionen wurden nun von Schleswig übernommen. Dieser in Sichtweite am gegenüberliegenden Schleiufer gelegene Ort hatte sich schon seit längerem parallel zu Haithabu entwickelt. Der Hafen am Nordufer der Schlei erwies sich als besser geeignet, und der Ort für die Errichtung eines befestigten Mittelpunktes der politischen Herrschaft günstiger. Alle merkantilen, politischen und kirchlichen Funktionen gingen nun an Schleswig über. Die Bedeutung des Ortes wird dadurch unterstrichen, dass alles umliegende Territorium und das spätere, von der Eider bis zur Königsau (Kongeå) reichende Herzogtum nach ihm benannt wurden.

Die Blütezeit als bedeutender Handelsort im west-östlichen Warenaustausch sollte indes nicht einmal hundert Jahre dauern. 1196 wird Schleswig zwar als *Civitas* mit einem eigenen Stadtrecht erwähnt, das vorbildhaft für andere dänische Städte wurde, auch gab es zu dieser Zeit mehrere Handelsgilden in der Stadt. Unter ihnen war die Knudsgilde der in den Ostseeraum fahrenden Kaufleute besonders angesehen. Doch zweierlei führte zum merkantilen Bedeutungsverlust: Zum einen wurden die Fahrwasser am Ende der Schlei für die nun größer gewordenen Handelsschiffe, die Koggen, zu flach – ganz zu schweigen vom beschwerlichen Landtransit der angewachsenen Warenströme. Zum anderen – und dieser Umstand war noch wichtiger – war Mitte des 12. Jahrhunderts am Unterlauf der Trave eine neue Stadt angelegt worden, die binnen kurzer Zeit allen Transithandel an sich reißen konnte: Lübeck. Deren Kaufleute verstanden es, in Zusammenarbeit mit Kollegen in Hamburg einen Landtransit zu organisieren, der dem Schleswiger überlegen war.

In politischer und kirchlicher Hinsicht wuchs jedoch die Bedeutung Schleswigs. Unter König Svend II. Estridsen (1047–1076) wurde im dänischen Königreich mit dessen Einteilung in acht Diözesen eine grundlegende kirchliche Organisation vorgenommen. Diese Diözesen unterstanden allerdings weiterhin dem Erzbistum Hamburg-Bremen. Die auch kirchenpolitisch zunehmend selbstbewusster werdenden dänischen Herrscher strebten danach, sich von dieser Bevormundung zu befreien, indem sie wiederholt beim Papst die Einrichtung eines eigenen Erzbistums betrieben. Doch erst Erik I. hatte 1103/04 damit Erfolg. Die neue Erzdiözese Lund war nunmehr an Stelle Hamburg-Bremens für den gesamten Norden nördlich der Eider zuständig. Damit wurde auch das Bistum Schleswig bis zur Reformation Suffragan dieses neuen Erzbistums und stand so außerhalb der deutschen Kirchenorganisation. In politischer Hinsicht setzte zur selben Zeit eine Entwicklung ein, die Schleswig (Stadt und Territorium) zu einem zweiten Kraftzentrum im dänischen Königreich werden ließ.

II. Herrschafts- und Territorienbildung im Hohen Mittelalter

1. Schleswig

Für die Herausbildung Schleswigs als Herzogtum war die Statthalterschaft dänischer Königssöhne entscheidend, die hier seit dem frühen 12. Jahrhundert einen vom übrigen dänischen Königreich abgegrenzten Herrschaftsbereich schufen. Das geschah freilich nicht konfliktfrei, sondern in – mitunter mit Waffengewalt ausgetragener – Auseinandersetzung mit dem Inhaber der Königskrone oder anderen Prätendenten auf die Schleswiger Herrschaft innerhalb der Dynastie. Als eigenständiges, urkundlich belegtes Herzogtum ist Schleswig ab 1232 sicher nachweisbar. In diesem Jahr wurde der nachgeborene Sohn König Waldemars II., Abel, damit belehnt, während sein älterer Bruder Erik zum Mitkönig gekrönt wurde. Doch bereits hundert Jahre zuvor hatte mit der Einsetzung Knud Lawards als Jarl (*comes* bzw. *praefectus*) der Verselbstständigungsprozess begonnen. In einigen Quellen taucht dieser Knud Laward (engl. Lord) als Herzog auf, doch bezog sich diese Bezeichnung auf das gesamte dänische

Königreich und sollte seine gegenüber den anderen Großen neben dem König herausgehobene Position unterstreichen. Als machtbewusster Fürst versuchte er, von Schleswig aus seinen Einflussbereich auszudehnen – nicht nur innerhalb Dänemarks, sondern auch nach Süden über die Eider hinaus. Knud verbündete sich mit Kaiser Lothar III. und wurde von diesem nach einem gemeinsamen Feldzug als Herrscher über die Abodriten eingesetzt. Seitdem trug Knud auch den Königstitel, allerdings bezogen auf die Herrschaft über die Abodriten. Von diesen beiden Positionen aus betrieb er dem dänischen König gegenüber eine eigenständige Politik, die darauf zielte, Schleswig mit Teilen Holsteins zu vereinen und ein geschlossenes Herrschaftsgebiet bis in das heutige Mecklenburg hinein zu schaffen. Das Vorhaben scheiterte jedoch mit seiner Ermordung 1131 durch seinen Vetter, den Königssohn Magnus, der in ihm einen Konkurrenten um die dänische Krone sah.

Auch danach sehen wir Angehörige des Königsgeschlechts als *Praefecti* in Schleswig. Unter ihnen ragen die späteren Könige Waldemar I. (der Große, 1157–1182) und Waldemar II. (der Sieger, 1202–1241) heraus. Letztgenannter machte die Stadt sogar zu seiner Residenz, die in dieser Zeit eine rege «öffentliche» Bautätigkeit erlebte: Dom, Königspfalz, Pfarrkirchen und Klöster entstanden.

Mit der Belehnung Abels mit Schleswig als Sekundogenitur 1232 und durch die Heirat Abels mit der Tochter des Schauenburger Grafen Adolf IV., Mechthild, erhielt die Sonderentwicklung Schleswigs in zweifacher Hinsicht eine entscheidende Weichenstellung: Die herausgehobene Stellung als Herzogtum im dänischen Königreich war spätestens jetzt rechtlich fixiert, und durch die dynastische Verbindung mit dem aufstrebenden holsteinischen Grafenhaus der Schauenburger erhielt der Schleswiger Herzog gegenüber seinem König einen starken Verbündeten außerhalb des Königreiches. Mit Hilfe der Schauenburger – und zu deren Nutzen – erreichten Abel und seine Nachkommen, in deren Hand Schleswig fünf Generationen lang verbleiben sollte, dass die Herrschaftsrechte des Königs im Herzogtum stetig verringert wurden und stattdessen auf den Herzog übergingen.

In dem Maße, wie die landesherrliche Gewalt des Herzogs ausgebaut wurde, wurde auch die Abtrennung des Fürstenlehens vom Königreich mehr und mehr sichtbar. Schließlich gab es nicht nur eine klare Grenzscheide zwischen Dänischem Reich und den Nachbarreichen, sondern auch innerhalb Dänemarks zwischen dem Herzogtum Schleswig und dem Königreich. Allerdings konnte die Krone das Vasallenverhältnis bis 1325 aufrechterhalten. In jenem Jahr starb Herzog Erik II., und König Christoph II. forderte für dessen unmündigen Sohn Waldemar die Lehnsvormundschaft, wich aber zurück, als Graf Gerhard III. von Holstein-Rendsburg, Waldemars Onkel mütterlicherseits, seinerseits die Vormundschaft einforderte. Aus diesem innerdynastischen Streit erwuchs unversehens ein politischer Konflikt, denn die dänischen Magnaten nutzten dieses Schwächezeichen ihres ungeliebten Königs, um gegen diesen zu rebellieren, wobei sie von Gerhard III. und dessen Vetter Johann III. von Holstein-Plön unterstützt wurden. Beide brachten den dänischen Reichsrat 1326 dazu, Waldemar an Stelle des inzwischen landflüchtigen Christoph zum dänischen König zu erheben und Gerhard als dessen Vormund einzusetzen. Der nunmehrige König Waldemar III. machte aus Dankbarkeit nicht nur dem dänischen Adel in seiner Handfeste erhebliche Zugeständnisse, sondern zudem, vom Vormund gelenkt, seinen holsteinischen Oheim Gerhard zum Herzog von Schleswig. Im Zusammenhang damit wurde die Rechtsstellung des Herzogtums in einer knapp gefassten königlichen Urkunde neu geregelt, deren wichtigste Aussage als *Constitutio Waldemariana* bezeichnet wurde. In ihr wurde festgelegt, dass künftig kein dänischer Herrscher gleichzeitig über Königreich und Herzogtum regieren sollte.

Das Jahr 1326 bedeutete somit für die staatsrechtliche Stellung des Herzogtums einen tiefen Einschnitt. Mit der Belehnung Gerhards III. erhielt nicht nur erstmals ein holsteinischer Graf den Schleswiger Herzogtitel, sondern er erhielt diesen zudem als erbliches Fahnenlehen und damit sowohl das Obereigentumsrecht eines Lehnsherren als auch das volle Gebrauchsrecht eines Lehnsmannes (*Dominium directum* und *Dominium utile*). Ihm wurden keinerlei Verpflichtungen gegenüber dem König auferlegt. Dieser behielt nurmehr formell das Recht künftiger Belehnung und faktisch die Pflicht, die Belehnung bei der Abel-Dynastie zu belassen. Somit erscheint an der Schwelle zum späten Mittelalter Schleswig als selbstständiges Territorium, das nur durch die Person des Königs mit dem übrigen Dänemark verbunden war. Diese nicht vom Reichszentrum, sondern von außen gelenkte Entwicklung musste zu Konflikten zwischen König und Herzog führen. 1326 war zwar ein Rechtszustand geschaffen worden, der auch in der Folgezeit urkundlich bestätigt wurde, aber er bedeutete für die dänische Krone keineswegs den Verzicht auf das Herzogtum. Solange die Inhaber der Krone zu schwach waren, um ihren Standpunkt durchzusetzen, konnte sich die Rechtsauffassung der Abel-Dynastie und des Grafen von Holstein jedoch in mehreren Waffengängen behaupten.

2. Holstein

Im Siedlungsgebiet der nordelbischen Sachsen zog sich die territoriale Herrschaftsbildung seit der fränkischen Eroberung über den langen Zeitraum von drei Jahrhunderten hin. Zwar war das sächsische Nordelbien seit Karl dem Großen Teil des fränkischen bzw. ostfränkischen/deutschen Reiches, doch hat es insbesondere im 9. Jahrhundert sowohl von dänischer wie, allerdings weniger zielgerichtet, von abodritischer Seite wiederholt Versuche gegeben, die fränkisch-deutsche Oberhoheit über die Elbe zurückzudrängen.

936 richtete Kaiser Otto I. eine abodritische Mark ein, von der aus eine aktive Missionstätigkeit ausgehen sollte, was allerdings keinen dauerhaften Erfolg zeitigte. Stattdessen beschränkte sich der Markgraf auf die Erhebung von Abgaben und die Sicherung der Grenze zu den Slawen. Festere Herrschaftsformen wurden erst ab 953 mit der Einsetzung Hermann Billungs als Markgraf entwickelt, der 964 zudem zum Herzog von Sachsen erhoben wurde. In räumlicher Ferne von König und Kaiser vermochten es Hermann Billung und seine Nachkommen, im Norden eine bedeutende Machtstellung aufzubauen. Zeitweilig konnten sie ihre Herrschaft auch nach Wagrien ausdehnen.

Was dieses östliche Holstein betrifft, sind bis zum Beginn des 12. Jahrhunderts die politischen Verhältnisse einigermaßen undurchsichtig. Zwar liegen vor allem durch die kirchlichen Chronisten Rimbert, Adam von Bremen und später Helmold von Bosau einige schriftliche Zeugnisse über die inneren Zustände vor, doch sind diese kritisch zu lesen, weil in ihnen das Interesse der christlichen Mission und der Erzdiözese Hamburg-Bremen deutlich im Vordergrund stehen. Dennoch geben uns diese Autoren einige Fakten an die Hand, die erkennen lassen, dass in diesem Zeitraum bei den nordelbischen Slawenstämmen ein zentraler Herrschaftsbildungsprozess eingesetzt hat. Als Hauptort der Wagrier erwähnt Adam von Bremen das im 8. Jahrhundert entstandene Starigard/Oldenburg. Einige Zeit später entstand als Hauptort der Polaben die Ratzeburg. Um diese Burgen herum lagen verstreut kleinere Befestigungen, die der Absicherung der Stammesherrschaften dienten.

In diesem Gebiet versuchten die Abodritenfürsten eine Oberhoheit zu errichten, wobei sie sich machtpolitisch an Dänemark anlehnten. Denn beide, die Abodritenfürsten und die dänischen Herrscher, hatten das gemeinsame Interesse, ein weiteres Vordringen der Franken bzw. Sachsen in ihre Herrschaftsbereiche zu verhindern. Die inneren Verhältnisse in den slawischen Siedlungsbieten blieben aber während des gesamten 10. und 11. Jahrhunderts unruhig. Es gab wiederkehrende Konflikte zwischen den Teilstämmen wie unter dem Stammesadel um die Oberherrschaft. Die christliche Mission hatte immer nur vorübergehenden Erfolg. Zwar ließen sich einige wagrische und polabische Fürsten taufen, und 968 konnte in Starigard/Oldenburg ein Missionsbistum eingerichtet werden, doch wehrten sich vor allem die heidnischen Priester gegen die neue Religion und konnten stets einzelne Fürsten für sich gewinnen. Diese setzten sich an die Spitze slawischer Aufstände, die sich nicht nur gegen die Christianisierung, sondern gleichermaßen gegen die Billunger Herrschaftsansprüche richteten. Große sogenannte Slawenaufstände, die weiträumige Raub- und Plünderungszüge einschlossen, fanden 983, 1018 und 1066 statt, kleinere immer wieder. 1066 wurde nicht nur Haithabu zerstört, sondern auch Hamburg gebrandschatzt. Angesichts dieser ständigen Bedrohung ihrer Herrschaftsansprüche zogen sich die Billunger Herzöge allmählich aus Nordelbien zurück und setzten dort seit der zweiten Hälfte des 11. Jahrhunderts Lehens- oder Vizegrafen ein, die die sächsischen Gaue verwalten und den Schutz vor slawischen Überfällen organisieren sollten.

Nach dem Tode des letzten Billunger Herzogs Magnus und der Einsetzung Lothars von Supplingenburg, des späteren Königs (ab 1125) und Kaisers (ab 1133), in das sächsische Herzogsamt im Jahre 1106 kam es zu einer grundlegenden machtpolitischen Wende nördlich der Elbe. Lothar setzte sogleich im Bündnis mit dem Erzbischof von Hamburg-Bremen, der zwei Jahre zuvor die nordischen Bistümer an Lund verloren hatte, gegenüber Dänen und Abodriten eine aktive Politik in Szene. Gegen die abodritischen Stämme zog er ab 1110 erfolgreich zu Felde, und mit Knud Laward führte er nach dessen Einsetzung als Schleswiger Grenzjarl einen Ausgleich herbei. Zur Unterstützung seiner ‹Nordmarkpolitik› holte Lothar einen bewährten Lehnsmann von der Weser ins Land, den Grafen Adolf von Schauenburg (Schaumburg). Er wurde mit der Grafschaft Holstein und Stormarn belehnt. Die Herrschaft über Dithmarschen beanspruchte der Bremer Erzbischof.

Mit dieser Belehnung begann 1111 die fast 350 Jahre währende Ära der Schauenburger Herrschaft über Holstein und Stormarn, die sich schließlich auch über Schleswig erstrecken sollte. Graf Adolf I. zeigte sich als ebenso machtbewusst wie Herzog Lothar, musste jedoch zunächst einen Rückschlag einstecken, da Lothar nicht ihm, sondern dem Schleswiger Knud als Lohn für dessen maßgebliche Beteiligung am Feldzug gegen die Slawen die abodritische Königswürde verlieh.

Mit der Stabilisierung der Herrschaftsverhältnisse in Holstein erhielt auch die Mission im Slawenland neuen Aufschwung. Geistlicher Ausgangspunkt dieser oft mit gräflicher Kriegsmacht als Schwertmission durchgeführten christlichen Eroberung Ostholsteins wurde das 1126 von dem Missionar und späteren Bischof von Oldenburg Vicelin gegründete Novum Monasterium, Neumünster. Mit dem Bau der Burg Sigeberg/Segeberg

1134 und der dortigen Anlage eines Klosters wurde an der Grenze zu Wagrien eine Bastion für das weitere missionarische Ausgreifen nach Ostholstein geschaffen. Zwar kam es nach dem Tod Graf Adolfs I. 1136 und ein Jahr später Kaiser Lothars zu einem neuerlichen großen Slawenaufstand, doch es sollte der letzte sein, denn 1138/39 unternahmen die Holsteiner und Stormarner, geführt von Graf Heinrich von Badwide, einen blutigen Rache- und Eroberungsfeldzug nach Wagrien.

Die Herrschaft der Schauenburger geriet in dieser Zeit zwar noch einmal ins Wanken, als Adolf II. in der Auseinandersetzung auf Reichsebene zwischen Staufern und Welfen für Letztere Partei ergriff und vorübergehend einem Vasallen des Stauferkönigs Konrad III., dem genannten Heinrich von Badwide, weichen musste. Doch mit dem staufisch-welfischen Ausgleich konnte Adolf 1143 in seine nordelbische Grafschaft zurückkehren. Heinrich von Badwide wurde ersatzweise mit der Grafschaft Ratzeburg belehnt, die aus dem größten Teil des inzwischen eroberten Polabien gebildet wurde und gewissermaßen der Kern des späteren Herzogtums Sachsen-Lauenburg war.

Adolf II. und sein neuer Lehnsherr, der Welfe Heinrich der Löwe, Herzog von Sachsen (und ab 1156 auch von Bayern), haben die Geschichte Nordelbiens in den folgenden Jahrzehnten nachhaltig geprägt. Adolf betrachtete das unterworfene und ihm von Herzog Heinrich zugesprochene slawische Ostholstein als Kolonialland, in dem er seine lehnsrechtlichen Vorstellungen leichter umsetzen konnte als in Holstein und Stormarn, wo die alte sächsische Gauverfassung und der einheimische Volksadel der Ausbildung seiner Lehnsherrschaft Schranken setzten. Er errichtete nunmehr in Wagrien eine echte Landesherrschaft und warb in Westfalen und am Niederrhein Siedler für das bevölkerungsarme Ostholstein, wo die slawische Bevölkerung entweder in den vorangegangenen Kriegszügen dezimiert oder nach der Eroberung vertrieben worden war, oder aber jetzt nach Osten abwanderte. Die verbleibende slawische Bevölkerung wurde rechtlich in den Kätner- oder Instenstand herabgesetzt, die Teilhabe am sächsischen Recht wurde ihr verwehrt. Der Beherrschung folgte die allmähliche Assimilierung.

Durch die Einwanderung der bäuerlichen Kolonisten aus dem Westen änderten sich nicht nur die Siedlungs- und Wirtschaftsstrukturen Ostholsteins grundlegend, auch schufen mit der Einführung der Grundherrschaft Graf und Kirche neue feudale Rechtsverhältnisse. Das sollte später auf Stormarn und Holstein zurückwirken, denn Adolf setzte nicht nur südelbische Ritter, sondern auch Angehörige des holsteinischen und Stormarner Volksadels als seine Vasallen in Wagrien in Ämter und Güter ein, die von hier aus die neuen grundherrschaftlichen Muster nach und nach in ihre Stammlande in Holstein und Stormarn übertrugen. Die sich solchermaßen konstituierende gräfliche Lehnsmannschaft kam der Herrschaftssicherung des Schauenburger Grafenhauses zugute. Hinzu kam die enge Verflechtung des höheren Klerus mit den Schauenburgern beim Ausbau der Kirchenorganisation.

Doch nicht nur Bauern kamen ins Land. Adolf II. warb im Westen auch Handwerker und Kaufleute für die städtischen Gewerbe. Seine folgenreichste städtische Neugründung war 1143 Lübeck am Zusammenfluss von Wakenitz und Trave, in deren Nähe es bereits eine slawische Handelssiedlung gegeben hatte. Hier nun geriet Adolf allerdings in Konflikt mit seinem Lehnsherren Heinrich dem Löwen, der seinerseits weitgestreckte handelspolitische Interessen verfolgte, die auf Teilhabe am Transithandel zwischen Ostsee und Nordsee zielten. Doch seine weiter südlich an der Trave angelegte Handelsstadt Bardowick war gegenüber dem günstiger gelegenen und schnell aufblühenden Lübeck im Nachteil. Deshalb zwang der Herzog nach jahrelangem Machtkampf seinen Lehnsmann 1159 zur Herausgabe der Stadt. Ein Jahr später verlegte er auch den Bischofssitz von Oldenburg nach Lübeck. Zudem stellte er Handelsprivilegien für die den Russlandhandel beherrschenden gotländischen Kaufleute aus, die sie nach Lübeck lockten. Nun erst begann unter der persönlichen Obhut Heinrichs die beispiellose Erfolgsgeschichte der Hansestadt Lübeck, die auch durch den 1180 von Kaiser Barbarossa herbeigeführten Sturz Heinrichs nicht aufgehalten wurde. Denn inzwischen war die Kaufmannschaft der Stadt so einflussreich geworden, dass sie sich des Zugriffs des

Schauenburger Grafen erwehren und den Kaiser zur Gewährung städtischer Freiheiten, des sogenannten Barbarossaprivilegs von 1189, bewegen konnte. Bis zum Ende des 12. Jahrhunderts haben sich deutsche Kaufleute von Lübeck aus in den wichtigsten bereits existierenden Handelsplätzen des Ostseeraums etabliert. Das ging auch in den folgenden Jahrzehnten Hand in Hand mit der sogenannten deutschen Ostkolonisation und mit den Kreuzzügen nach Preußen und ins Baltikum. An beidem verdienten die Lübecker Kaufleute kräftig.

Mit Lübeck setzte sich in Nordelbien ein neuer Stadtbegriff durch, der die Stadt nicht nur als Ort des Handels und der handwerklichen Produktion, sondern auch als Rechtsgemeinschaft verstand, deren Legitimation auf der einigenden Kraft des von Stadtbürgern geschworenen Eides beruhte. Seit 1201 ist die Ratsverfassung belegt. Seitdem ließen sich die Bürger nicht mehr durch einen stadtherrlichen Vogt lenken. Sie verschafften sich zudem die Handlungsfreiheit, auch nach außen hin nach dem von ihnen entwickelten neuen Rechtssystem über ihre Belange selbst zu entscheiden. 1226 ließen sich die Lübecker diese Rechte von Kaiser Friedrich II. bestätigen; und dazu wurde ihnen noch urkundlich die Reichsunmittelbarkeit versichert, nämlich dass sie und ihre Stadt immer frei sein, stets zum Reich gehören und keinem Herrn als dem Kaiser selbst unterworfen sein sollten. Diese Reichsfreiheit sollte über 700 Jahre währen – bis die Nationalsozialisten sie 1937 beseitigten.

Zu den günstigen Voraussetzungen für den raschen Aufstieg Lübecks im Ostseeraum gehörte die Teilhabe am dänischen Ostseeimperium. Bis 1201 war es dem dänischen König Knud VI. gelungen, seine Herrschaft über Holstein, Dithmarschen, Ratzeburg und Lübeck auszudehnen. Er und sein jüngerer Bruder Waldemar, der Herzog von Schleswig und spätere König Waldemar II., nutzten die machtpolitische Wirrnis, die südlich der Eider nach dem Sturz Heinrichs des Löwen und dem neuerlich ausgebrochenen staufisch-welfischen Streit herrschte. Adolf III., der seinem 1164 auf einem Kreuzzug nach Pommern zu Tode gekommenen Vater im Grafenamt nachgefolgt war, hatte mit Unterstützung Heinrichs des Löwen seine gräfliche Herrschaft festigen können, war nach 1180 aber ins kaiserlich-staufische Lager übergetreten. Die Dänen traten als Parteigänger der Welfen auf und unterstützten Heinrich bei seinem – letztlich vergeblichen – Versuch, seine Herrschaft zurückzugewinnen, wobei sie ihrerseits sukzessive ihre Macht nach Süden ausdehnen konnten. Adolf III. musste 1201 unter dänischem Druck seiner Herrschaftsrechte entsagen und zog sich auf seinen Stammsitz an der Weser zurück.

Pragmatisch akzeptierten die Lübecker die dänische Oberhoheit. Knuds Nachfolger, Waldemar II., dehnte die dänische Herrschaft derweil bis in das Baltikum aus und legte damit den Grundstein für das einige Jahrzehnte währende dänische Ostseereich. Den Lübeckern standen in dieser *Pax Danica* alle merkantilen Möglichkeiten offen, die sie in den Jahren bis zum Zusammenbruch der dänischen Oberhoheit in Holstein in der Schlacht bei Bornhöved im Juli 1227 auch sehr erfolgreich nutzten.

Diese Schlacht norddeutscher Fürsten unter Führung Graf Adolfs IV. gegen Waldemar II. markiert einen bedeutenden Wendepunkt in der Geschichte Schleswig-Holsteins. Durch ihren Ausgang wurde nicht nur die Herrschaft der Schauenburger in Nordelbien wieder hergestellt, sondern auch die Entwicklung zu einem holsteinischen Territorialfürstentum einen entscheidenden Schritt vorangebracht. Die Schauenburger vermochten in der Folge das Machtvakuum zu füllen, das Kaiser und Reich im Norden hinterlassen hatten. Die Lehnshoheit der Sachsenherzöge bestand fortan nur noch formal und geriet zunehmend in Vergessenheit. Die Schauenburger eigneten sich faktisch herzogliche Macht an.

Zur Absicherung seiner Herrschaft gegenüber dänischer Revanche verheiratete Adolf IV. seine Tochter mit Herzog Abel von Schleswig, dem Sohn Waldemars II. Durch diesen Schachzug sollten die Schauenburger auch Einfluss auf die politischen Geschicke nördlich der Eider bekommen, auch wenn es danach zunächst nicht aussah. Denn nach Adolfs IV. Tod 1261 entstanden durch mehrere Erbteilungen bis zum Ende des Jahrhunderts fünf holsteinische Teilgrafschaften, die zwar trotz einiger familiärer Konflikte im Innern gefestigt schienen, nach außen aber schwach waren, wie sich an dem Bestreben des Dänenkönigs Erich Menved (1286–1319) zeigte, seinen Herrschaftsbereich wieder über die Eider nach Süden auszudehnen. Die Schauenburger Grafen lehnten sich gegen diesen Anspruch des Dänen nicht auf und erkannten dessen Oberhoheit formal an, zumal Kaiser Albrecht I. sie 1304 auch bestätigte. Erst durch Gerhard III. von Holstein-Rendsburg, den wohl bedeutendsten spätmittelalterlichen holsteinischen Landesherrn, gelangen ab 1312 eine neuerliche und alles Bisherige übertreffende Konzentration Schauenburgischer Macht und ein zielgerichtetes Ausgreifen nach Norden. Rücksichtslos nutzte er die Schwäche der anderen Teilgrafen aus und riss im Zusammenwirken mit seinem Vetter Graf Johann III. von Holstein-Plön deren Besitzungen an sich, so dass es schließlich nur noch zwei Teilgrafschaften gab. Mit der Belehnung Schleswigs erreichte die Machtstellung Gerhards III. 1326 ihren Höhepunkt. Damit waren große Teile der Grafschaft Holstein und das Herzogtum Schleswig erstmals unter einer Herrschaft vereint. Doch Gerhard III., der inzwischen auch Fünen als Lehen und Teile Jütlands als Pfandschaft erhalten hatte, wurde 1340 während eines Feldzuges nach Nordjütland, wo er aufständische dänische Adlige in die Knie zwingen wollte, erschlagen.

3. Schleswig-Holstein

Nach Gerhards III. Tod verzichteten seine beiden Söhne in Bezug auf Schleswig und die dänischen Pfandschaften darauf, die ererbten Rechte mit Waffengewalt durchzusetzen. Sie sahen sich einem doppelten Druck ausgesetzt: zum einen dem Lübecks, dem an einer starken Schauenburger Herrschaft im Norden nicht gelegen war, zum anderen dem des dänischen Adels, der die als Fremdherrschaft empfundene Belastung loswerden wollte. Die Söhne schlossen daher mit dem dänischen Reichsrat einen Kompromiss, dem zufolge der Sohn des weiland vertriebenen Christoph II., Waldemar, dänischer König wurde. Schleswigs Rechtsstellung blieb dabei im Grunde unverändert, das heißt, das Herzogtum blieb in der Hand der Schauenburger.

Doch es sollte sich zeigen, dass Waldemar IV., nachdem er seine Königsherrschaft gefestigt hatte, weitgefasste politische Ziele verfolgte, die nicht nur die Rückgewinnung Schleswigs beinhalteten, sondern sich in der Tradition seiner beiden ersten Namensvetter auf dem Thron auf den gesamten Ostseeraum richteten. Daraus ergab sich ein jahrzehntelanges Ringen, das sich in zunehmendem Maße mit dem Kampf der Hanse um die Vormacht im Norden verflocht. Hierbei klangen erstmals deutlich vernehmbar Bestrebungen der Krone Dänemarks an, die bis in das späte 17. Jahrhundert hinein zu einer die Geschichte des Landes maßgeblich beeinflussenden Konstante werden sollten: die Herrschaft über die Ostsee, das vielbeschriebene *Dominium Maris Baltici.* Im Mittelpunkt der dänischen Interessen stand dabei die Kontrolle über die Handelswege. Die Hansestädte hatten seit über hundert Jahren gezeigt, welche Reichtümer aus dem Ost-West-Handel gezogen werden konnten. Darauf versuchte nun der Dänenkönig ebenfalls Zugriff zu bekommen, und er tat es mit kriegerischen Mitteln, indem er Ostseehandelszentren wie die Hansestadt Visby auf Gotland besetzte und von dort aus weiter nach Osten ausgriff, um den Russlandhandel zu kontrollieren. Dies führte unweigerlich zu einem bewaffneten Konflikt mit der Hanse, der in einen von 1361 bis 1370 dauernden Krieg mündete, in den auch Holstein und Schleswig hineingezogen wurden. Denn die Schauenburger Teilgrafen verbündeten sich mit unterschiedlichen Kriegsparteien: Die Rendsburger Linie stand auf der Seite der Hansestädte in der Erwartung, dadurch ihre Position in Schleswig festigen zu können; die Plöner Linie dagegen unterstützte Waldemar und wurde dafür von diesem mit Fehmarn belehnt. Mit dem 1370 in Stralsund mit der Hanse geschlossenen Frieden scheiterten die politischen Ambitionen des Dänenkönigs. Zugleich verhinderten die Hansestädte mit Lübeck an der Spitze aber auch, dass die Holsteiner Grafen, insbesondere der verbündete Rendsburger, die Schwäche des Dänen nutzen und ihre Begehrlichkeit auf dänisches Land befriedigen konnten.

Verglichen mit der vorhergehenden Epoche waren die ersten vier Jahrzehnte des 15. Jahrhunderts eine besonders blutige und an Wechselfällen reiche Zeit. Es herrschten im ganzen Land beinahe unablässig Krieg und Gewalt. Dabei bildeten die Kämpfe um die Herrschaft im Herzogtum Schleswig nur eine Bühne der Gewalthandlungen. Es standen sich auf der gesamten Cimbrischen Halbinsel nicht nur Dänen und Holsteiner gegenüber, sondern im selben Zeitraum auch Holsteiner und Dithmarscher; zudem fochten Holsteiner und Dänen in wechselnden Bündnissen mit und gegen die Nordfriesen und diese immer wieder gegen die Dithmarscher – und schließlich gab es auch, als wäre dies alles nicht genug, bei den Nordfriesen noch blutige interne Fehden. Auf der großen nordeuropäischen Bühne begann in dieser Zeit der säkulare Kampf um die Vorherrschaft in der 1397 im schwedischen Kalmar gebildeten gleichnamigen Union der drei skandinavischen Königreiche, an dessen Ende sich die Machtverhältnisse im Norden vollkommen verändert haben sollten. Diese Union war eine Konstruktion der dänischen Regentin Margarethe I., die nach dem Tod ihres Vaters Waldemar IV. 1375 als Vormund ihres fünfjährigen Sohnes und Thronfolgers Olav in Dänemark und nach dem Tod ihres Mannes, des norwegischen Königs Haakon, seit 1380 auch in Norwegen regierte. Nach dem frühen Tod ihres Sohnes 1387 gelang es ihr, nicht nur die Regentschaft in Dänemark und Norwegen zu sichern, sondern im Jahr darauf auch vom schwedischen Reichsrat die Regentschaft in Schweden übertragen zu bekommen. Der schwedische Reichsadel wollte sich auf diese Weise von dem ungeliebten König Albrecht aus dem Hause Mecklenburg befreien. Um diese faktische Vereinigung der drei Reiche auch vertraglich abzusichern, ließ Margarethe 1397 in Kalmar vom versammelten Reichsratadel der drei Reiche ihren noch unmündigen Großneffen Erich von Pommern zum gemeinsamen König wählen und für sich selbst die weitere Regentschaft bestätigen.

In diesen Jahren, da Margarethe ihr politisches Handeln ganz auf die Unionspläne ausrichtete, fand sie mit den Schauenburgern zu einem Modus Vivendi, der darauf hinauslief, deren Herrschaftsrechte in Schleswig zu akzeptieren. Sie ging 1386 sogar so weit, Graf Gerhard VI. von Rendsburg mit ganz Schleswig erblich zu belehnen. Damit schien die Herrschaft der Rendsburger Grafenlinie nördlich der Eider endgültig gefestigt, zumal Gerhard seine Machtposition auch in Holstein ausbauen konnte. Nach dem Aussterben der Plöner Linie der Schauenburger 1390 eignete er sich deren Territorium an und ließ sich dies 1397 auf einer Versammlung der holsteinischen und schleswigschen Ritterschaft bestätigen. Die Adligen aus den beiden Landen gaben dabei die gemeinsame Willensbekundung ab, dass man «ungeteilt» bleiben wolle. Dies wird gemeinhin als Geburtsstunde der vereinigten schleswig-holsteinischen Ritterschaft angesehen. Deren Interesse war, die fortgesetzten Landesteilungen der Schauenburger zu verhindern, weil dadurch ihre inzwischen erreichte wirtschaftliche und politische Machtstellung gefährdet worden wäre. Die lange Auseinandersetzung um Schleswig hatte die Interessen des nördlich wie südlich der Eider ansässigen holsteinischen Adels eng an die des Grafenhauses gebunden. Durch Kredite hatte er die teuren militärischen Unternehmungen des Grafen, die im wesentlichen von Landsknechten geführt wurden, finanziert und dafür im Gegenzug zahlreiche Pfandschaften in den der Herrschaft des Rendsburgers unterworfenen Gebieten erhalten.

Der Kampf um Schleswig eskalierte bereits in den Jahren nach 1404 von neuem. Im Sommer jenes Jahres war Gerhard VI. auf einem Feldzug nach Dithmarschen zu Tode gekommen, und mit ihm laut zeitgenössischer Chronik 300 holsteinische Ritter. Margarethe nutzte die Gunst der Stunde und brachte den nördlichen Teil Schleswigs einschließlich der Stadt Flensburg wieder unter die dänische Krone. Mit der Rückeroberung auch des südlichen Landesteils hatte sie indes weniger Glück, denn hier musste sie dem geballten militärischen Widerstand der Holsteiner weichen. Auch nach ihrem Tod 1412 gelang es dem nunmehr allein regierenden Unionskönig Erich trotz Einsatzes erheblicher militärischer Mittel nicht, ganz Schleswig zu erobern. Gleichzeitig legte er sich mit der Hanse an, mit der es zu einem ausgedehnten Kaperkrieg kam. Beide Konflikte waren teuer, und um sich die nötigen Finanzmittel zu beschaffen, zog Erich in seinen Reichen die Steuer- und Zollschraube an, besetzte Ämter mit willfährigen Vasallen und machte schließlich nicht einmal vor Gütern der Kirche halt. Das Ergebnis war, dass an vielen Orten in seinem ausgedehnten Reich bewaffnete Konflikte ausbrachen. Für Erichs Königsherrschaft besonders bedrohlich wurde ab 1434 der Aufstand der Bergwerksbesitzer in Schweden, der zum Abfall Schwedens von der Union führen sollte.

Im Herzogtum Schleswig entwickelte sich währenddessen im Schatten der großen Auseinandersetzung ein Kleinkrieg zwischen Anhängern der Krone einerseits und der Holsteiner Grafen andererseits. Er ging von Amtsschlössern und Adelssitzen aus und äußerte sich in Zerstörungen und gewaltsamer Aneignung gegnerischer Güter und Höfe und nicht zuletzt auch durch Bauernraub. Denn gerade die bäuerliche Arbeitskraft stellte angesichts der demographischen Krise, in der sich die Gesellschaft nach den verheerenden Pestepidemien befand, eine kostbare Ressource dar.

Die Lage beruhigte sich erst wieder, nachdem Erich 1435 in Vordingborg Frieden mit Adolf VIII. von Rendsburg schloss und die Belehnung des Schauenburgers mit Schleswig wiederhergestellt wurde. Erich wollte durch dieses Einlenken den Rücken für die Niederschlagung des Aufstandes in Schweden frei bekommen. Doch auch dies sollte ihm nicht gelingen, denn der dänische Hochadel versagte ihm die Gefolgschaft und stürzte ihn 1439 vom Thron. Statt seiner wurde Erichs Neffe Christopher von der Pfalz zum neuen dänischen König gewählt. Als eine seiner ersten Handlungen wandelte er 1440 das Schleswiger Lehen des Schauenburgers von einem persönlichen in ein erbliches um. Schleswig und Holstein waren nunmehr unter einem Herrscher vereint. Für diese Zeit kann man erstmals von einem schleswig-holsteinischen Staatswesen sprechen, für das aber weiterhin die Eider als Grenze vorhanden war.

III. Wirtschaft und Gesellschaft im Mittelalter

1. Bauern, Adel, Herrschaft

Um 800 fehlten sowohl im Siedlungsgebiet der nordelbischen Sachsen als auch in Dänemark Grundherrschaft und Lehnswesen, also Feudalismus – und mithin das, was Verfassung, Wirtschaft und Gesellschaft im fränkischen Reich seit Jahrhunderten geformt hatte. Politische und rechtliche Entscheidungen wurden nach altem Brauch auf Versammlungen freier Männer getroffen – den Thingversammlungen. Allerdings war die Gesellschaft nicht egalitär, sondern es ragten in ihr wohl schon seit der Eisenzeit einzelne Geschlechter durch materielle und symbolische Macht als sogenannter Volksadel heraus. Aus ihm rekrutierten sich in den einzelnen Gauen und Untergauen die Anführer (bei den Sachsen Overboden bzw. Boden genannt), denen die Rechtsprechung und auch exekutive Befugnisse zukamen. Eine besondere Bedeutung hatten sie im Kriegsfall als Führer des Aufgebots der freien Männer.

Aus den Reihen dieses alteingesessenen Volksadels wurde den Schauenburger Grafen hartnäckiger Widerstand entgegengebracht, als sie nach ihrer Belehnung mit Holstein und Stormarn die südlich der Elbe gebräuchlichen lehnsrechtlichen Verhältnisse in ihrer Grafschaft einzuführen trachteten. Erst die Eroberung Ostholsteins und die Belehnung dortiger Ländereien an Gefolgsleute schufen den Ansatzpunkt für die Ausweitung der Grundherrschaft auch in das übrige Holstein. Es bildete sich ein Lehnsadel, der sich allmählich mit dem Volksadel vermischte und aus dem spätestens im 13. Jahrhundert die holsteinischen Adelsfamilien als eine geschlossene soziale Gruppe entstanden.

Die tragende Säule im Wirtschaftsleben war wie überall die Landwirtschaft, wobei zum Ende der Wikingerzeit der Getreideanbau gegenüber der Viehwirtschaft stärker in den Vordergrund trat. Dies erforderte großflächige Rodungen, und ehedem große

Ländereien wurden in kleinere Einheiten aufgeteilt. Es war die Zeit, in der die innere Kolonisation mit dem Entstehen vieler Dörfer einsetzte, die bis in das hohe Mittelalter hinein voranschritt. Gleichzeitig fand eine Differenzierung der Besitzverhältnisse und der Sozialstruktur statt. Zum einen entstanden die großen Höfe, die dem Adel, der Kirche oder dem Landesherrn gehörten. An diese waren Bauernstellen rechtlich gebunden, die über ein wenig Land verfügten und deren Besitzer auf dem Gut arbeitspflichtig waren. Als weitere Kategorie gab es die Höfe mittlerer Größe, die teilweise eigenbesitzenden Bauern gehörten, teilweise aber auch Magnaten, die sie wiederum verpachteten. Ein solcher – persönlich freier – Pachtbauer hatte einen Teil des Hofertrags als naturale Grundrente an den Grundherrn abzuführen.

Der Anteil der freien und eigenbesitzenden Bauern war zunächst vergleichsweise hoch – insbesondere im Herzogtum Schleswig. Auch rechtlich waren die Befugnisse der Grundbesitzer gegenüber den von ihnen abhängigen Bauern noch gering. Erst im Spätmittelalter sollten sich die feudalen Strukturen bis über die Schlei ins nördliche Schleswig ausbreiten, als im Zuge der Expansion des holsteinischen Lehnsadels nach Norden viele dänische Kleinadlige in den Bauernstand zurückfielen. Dazu trug auch bei, dass holsteinische Siedler ins Herzogtum geholt wurden, um Land urbar zu machen. Es hielten sich aber sowohl in Schleswig als auch in Holstein Gebiete, in denen diese Feudalisierung nicht oder nur partiell stattfand. Dazu zählten vor allem die Marschlandschaften an der Unterelbe, Dithmarschen und Nordfriesland.

Das Herzogtum Schleswig gliederte sich in seiner Siedlungsstruktur in zwei größere Einheiten: zum einen das Gebiet zwischen Schlei und Koldinger Bucht und zum anderen das Gebiet zwischen Eider und Schlei. Das erstgenannte Gebiet war vollkommen von dänischen Stämmen bewohnt und, analog zu den sächsischen Gauen, gemäß der ursprünglichen Rechtspflege und der Organisation der Heerfolge in drei Syssel untergliedert, die wiederum aus jeweils fünf bis neun Harden bestanden. An der Einteilung der Harden orientierte sich die spätere Kirchspielorganisation. Gegen Ende des Mittelalters wurde aus den Sysseln die Verwaltungseinheit der Ämter. Bis in das hohe Mittelalter hinein muss man sich diese Landstriche als recht dünn besiedelt vorstellen. Das Gebiet zwischen Eider und Schlei war ursprünglich eine kaum besiedelte, ödnisgleiche Grenzzone zwischen Jüten und Sachsen. Letztere haben erst im Laufe des 13. Jahrhunderts diesen Teil des Herzogtums Schleswig nach und nach besiedelt. Er erhielt dadurch auch eine andere Verwaltungseinteilung, nämlich in vier Bezirke, die nach Landschaften bezeichnet wurden.

Ähnlich wie südlich der Eider Dithmarschen gegenüber der Grafschaft Holstein seine Eigenständigkeit bewahren konnte, hat auch das von Friesen besiedelte Gebiet an der Westküste, das heutige Nordfriesland, bis in die frühe Neuzeit hinein ein eigenständiges politisches Leben bewahren können. Wiederholte Versuche des dänischen Königs oder des Schleswiger Herzogs, die Oberhoheit mit Waffengewalt zu erzwingen, scheiterten am Widerstand der Friesen – aber auch an den komplizierten Rechtsverhältnissen: Die in den Geestharden siedelnden Friesen wurden als dem Herzogtum zugehörig betrachtet, während die Inselfriesen und die in den Marschharden und der Halbinsel Eiderstedt siedelnden als «Königsfriesen» dem dänischen König unmittelbar untertan waren. Noch komplizierter wurde die Lage dadurch, dass es auf den Inseln Föhr und Sylt voneinander getrennte Gebiete mit sowohl Königs- als auch Herzogsfriesen gab. Die «Herzogsfriesen» unterlagen dem Jütischen Recht (*Jydske Lov*), das im übrigen Herzogtum Schleswig sowie auf Fünen und in Jütland galt. Dieses auf altem Gewohnheitsrecht basierende Jütische Recht, das durch Waldemar II. 1241 erstmals kodifiziert wurde, ist eines der großen europäischen Rechtswerke aus dem Mittelalter. Nach ihm wurde mehrere Jahrhunderte lang Recht gesprochen und Verwaltungsakte vollzogen. Nach der Einführung des Dänischen Gesetzbuches (*Danske Lov*) 1683 wurde es nur noch im Herzogtum Schleswig angewandt – bis zur Einführung des deutschen Bürgerlichen Gesetzbuches 1900.

Bis in das 15. Jahrhundert hinein wehrten sich die Königsfriesen erbittert gegen alle Versuche, sie unter das Jütische Recht zu zwingen. Zur Bildung eines festen politischen Verbandes, der alle Nordfriesen umfasste, kam es indes nicht, wozu nicht zuletzt die auf viele Inseln verstreute Siedlungsstruktur beitrug.

Zu den Eigentümlichkeiten der schleswig-holsteinischen Geschichte gehört es, dass zwischen Dithmarschern und Friesen seit Anbeginn eine konfliktträchtige Spannung herrschte und sich über das ganze Mittelalter hinweg unzählige grausame Kriegs- und Plünderungszüge sowie von einzelnen Sippen geführte blutige Fehden zogen, die erst mit der Eroberung Dithmarschens durch ein vereinigtes schleswig-holsteinisch-dänisches Heer 1559 ein Ende fanden.

Mit der Festigung der schauenburgischen Landesherrschaft wurden in Holstein in der ersten Hälfte des 13. Jahrhunderts die alten Volksorgane zurückgedrängt, und es entwickelte sich eine landesherrliche Verwaltung. Die «Beamten» dafür rekrutierten die Grafen zunächst aus ihren engsten Vasallen. Doch auch einige alteingesessene Adelsgeschlechter vermochten auf diesem Wege den Grundstein für eine Jahrhunderte währende ökonomische Macht und politischen Einfluss zu legen, die sich in der frühen Neuzeit bis in das dänische Königreich erstrecken sollten. Zu nennen wären hier in erster Linie die Rantzau, Ahlefeldt, Reventlow oder Blome. Sie und etwa ein Dutzend weiterer Familien bildeten den ritterschaftlichen holsteinischen Hochadel, der sich zum Ausgang des Mittelalters als soziale Gruppe gegenüber dem landsässigen Niederadel abgrenzte. Diese sich bald als Ritterschaft bezeichnende Adelsschicht erwarb durch die landesherrliche Belehnung mit Benefizien weitläufigen Grundbesitz, der zusammen mit der Übertragung der patrimonialen Gewalt über die Hintersassen die Voraussetzungen schuf für die Entstehung und Entwicklung der Gutswirtschaften – insbesondere in Ostholstein. Für die politische Geschichte bedeutsam war, dass die Ritterschaft in den Zeiten der gräflichen Landesteilungen den Zusammenhalt der Grafschaft als Ganzes bewerkstelligte, was zu ihrem Machtgewinn nicht unerheblich beitrug.

Zum verwaltungstechnischen Ausbau der Landesherrschaft gehörte das Netz von Vogteien, das seit Adolf IV. über das schauenburgische Herrschaftsgebiet gezogen wurde. Allerdings waren die Vogteien zunächst noch keine fest umgrenzten Verwaltungseinheiten, auch wechselte ihre Zahl und Größe im Laufe der Zeit. Sie waren die Vorläufer der späteren Ämter. Entscheidend war, dass dadurch die alten Formen der sächsischen Selbstverwaltung verdrängt wurden. Neben fiskalischen und juristischen Kompetenzen hatten die Vögte das Militärwesen in ihrer Vogtei zu organisieren. Dazu gehörten sowohl das Adels- als auch das Bauernaufgebot. Die alleinige Verfügungsgewalt über das Militäraufgebot und die lehnsrechtliche Pflicht der Vasallen zur Heerfolge war die wichtigste Machtbasis der Grafen – gleichermaßen auch der Herzöge in Schleswig. Allerdings sollte sich seit dem Aufkommen der Landsknechtsheere im Spätmittelalter zeigen, dass es immer wichtiger wurde, über ausreichende Geldmittel zu verfügen, um Landsknechte werben und halten zu können. Und darum wurde das Steuer- und Zollwesen mehr und mehr ausgeweitet, das für die Grafen neben den Einkünften aus ihrem beträchtlichen Grundbesitz und ihren Regalien von größter Bedeutung war. Dabei waren, bezogen auf die Steuer, dem Adel erhebliche politische Zugeständnisse zu machen, denn er konnte sich das Steuerbewilligungsrecht, im Holsteinischen Bede genannt, bewahren. Auf diesem Wege sicherte sich die holsteinische Ritterschaft einen bedeutenden Einfluss auf die Besetzung wichtiger Ämter sowohl in Holstein wie in Schleswig. Ein engerer Kreis hoher Adliger trat als landesherrlicher Rat, *Consilium*, in Erscheinung, und daraus entstand faktisch die oberste landesherrliche Verwaltungsbehörde. Diese Entwicklung wurde 1415 mit der Verfügung des sogenannten Indigenatsrechts abgeschlossen, durch das nur noch der alteingesessene Adel für hohe Ämter zugelassen wurde. 1422 schließlich wurde der Adel von der Steuerpflicht befreit. Seine Verpflichtung zur Heeresfolge wurde auf den Kriegsdienst innerhalb der Landesgrenzen beschränkt, wobei dem landesherrlichen Rat ein entscheidendes Mitspracherecht über Krieg und Frieden zugebilligt wurde.

Wie in Holstein bildete sich im 13. Jahrhundert auch in Schleswig eine landesherrliche Verwaltung heraus. Bereits Herzog Abel verfügte über eine eigene Hofkanzlei. Doch während in Holstein das Lehnswesen und die Grundherrschaft die Grundlage der Landesherrschaft bildeten, konnten sich diese Strukturen in Schleswig nie vollständig durchsetzen. Hier hat der einheimische Erbadel, der aus der Schicht der Heermannen hervorgegangen war, seine Stellung dem Landesherrn gegenüber nach dem alten wikingischen, auf der freiwilligen Gefolgschaft beruhenden Ledung-Recht, das in das Jütische Recht eingeflossen ist, bewahren können – trotz der zeitweiligen Herrschaft der Schauenburger und trotz des Eindringens holsteinischer Adliger als Grundherren. Um die Gefolgschaft dieser Heermannen haben sich die Schleswiger Herzöge stets bemühen müssen. Aus ihren Reihen konstituierte sich ein herzöglicher Rat, der Mitsprache bei der Verwaltung des Landes beanspruchte und der die Interessen des Adels gegenüber dem Landesherrn wahrnahm. Hierin gingen seine Bestrebungen mit denen des holsteinischen Adels konform.

Spätestens seit der Zeit Graf Adolfs VIII., also dem frühen 15. Jahrhundert, lag die materielle Basis der landesherrlichen Gewalt in den Händen der schleswig-holsteinischen Ritterschaft, die in den beiden Landen bis auf ganz wenige Ausnahmen alle Amtsbezirke innehatte und damit auch über das Steueraufkommen verfügte. Gegen diesen Adel war, wie sich 1460 zeigen sollte, in politischen Fragen nichts mehr auszurichten. Die Beziehung zwischen Landesherr und Landesadel hatte eine neue Qualität erreicht. Die vereinigte Ritterschaft war nun die bestimmende Kraft.

2. Landwirtschaft, Gewerbe, Handel

Die wirtschaftliche Entwicklung, und das heißt in erster Linie die landwirtschaftliche Produktion, entsprach sowohl in Schleswig wie in Holstein im Mittelalter den allgemeinen Trends der europäischen Wirtschaftsgeschichte: Bis zum Ende des 13. Jahrhunderts rechnet man mit einer Phase wirtschaftlichen Aufschwungs, der zu Beginn des 14. Jahrhunderts in eine Stagnation überging, um in der zweiten Jahrhunderthälfte – hervorgerufen durch Pestepidemien und Klimaverschlechterung – einen deutlichen Niedergang zu erfahren. In engem Zusammenhang damit stand die Entwicklung der Bevölkerungszahl, die bis 1350 kontinuierlich stieg, dann aber einen dramatischen Einbruch erlebte, der erst in der frühen Neuzeit überwunden wurde.

In der Phase der hochmittelalterlichen Kolonisation Holsteins entstand eine Vielzahl von Marktsiedlungen, die die Grundlage für das Städtewesen legten. Mit ihnen erhielt die Siedlungskolonisation, insbesondere im östlichen Hügelland, ein dem übrigen deutschen Reich entsprechendes infrastrukturelles Niveau. Die Stadtentstehung stand wirtschaftlich und funktional im Zusammenhang mit der agrarwirtschaftlichen Entwicklung, indem das bloße Subsistenzniveau der Landwirtschaft der vorangegangenen Entwicklungsphase in Richtung Marktorientierung überwunden wurde, auch wenn weiterhin erhebliche Teile der landwirtschaftlichen Produktion der Eigenversorgung dienten. Diese Entwicklungsbedingungen spiegelten sich in der Topographie der entstehenden Städte in dem zentralen Marktplatz, der zur Abwicklung des Austausches mit dem agrarischen Umland diente. Durch die Städte wurde ländliche Produktivkraft zunehmend in die vom Markt bestimmte und vom Handel angetriebene Wirtschaft einbezogen, was den Landesausbau voran und Geld in die Schatullen der Herrscher brachte.

In Holstein sind – abgesehen von Lübeck und Hamburg – insbesondere die Stadtgründungen und Stadtrechtsverleihungen durch Graf Adolf IV. und seine Söhne zwischen 1230 und 1250 zu nennen, mit denen eine seit längerem in Gang befindliche Entwicklung beschleunigt werden sollte. Sie zielte auf die Förderung von Orten, die bereits von Händlern aufgesucht wurden, oder deren markante Lage an Land- wie an Seehandelswegen dies nahelegte. Dazu gehörte auch das 1242 gegründete Kiel am Ende der gleichnamigen Förde, das zu einer Residenz der Schauenburger ausgebaut wurde. Zwar konnten Handel und Handwerk hier angesiedelt werden, doch der Plan der Grafen, den Transithandel des ihrem Zugriff entzogenen Lübeck hierher umzulenken, sollte sich nicht realisieren lassen. Allerdings war Kiel neben Hamburg als einzige holsteinische Stadt Mitglied der Hanse und profitierte insofern vom Aufschwung dieser Kaufmannsgemeinschaft.

Im Binnenland erhielten burgengeschütze Marktorte wie beispielsweise Oldenburg oder Segeberg Stadtrecht, oder es wurden um bereits befindliche Burgen neue Städte angelegt wie

Rendsburg. Alle holsteinischen Städte erhielten das Lübische Recht. Damit besaßen sie das Privileg der Selbstverwaltung durch einen Rat, auch wenn weiterhin ein landesherrlicher Vogt in der Stadt die Obrigkeit repräsentierte und die höhere Gerichtsbarkeit ausübte.

Im Herzogtum Schleswig vollzog sich zeitgleich eine ähnliche Entwicklung. Abgesehen von der alten Hafen- und Handelsstadt Schleswig entstanden seit dem frühen 13. Jahrhundert im Zeichen eines auch hier gestiegenen regionalen Warenaustausches mehrere Handelsstädte. Und deutlicher noch als in Holstein konzentrierten sie sich auf die östlichen Landesteile am Ende von Fjorden (Flensburg, Hadersleben) oder an Buchten (Eckernförde, Sonderburg, Apenrade). Stadtgründer waren König Waldemar II. und namentlich Herzog Abel, der durch seinen Schwiegervater Adolf IV. angeregt worden sein mag. Maßgeblich wurde hier das Stadtrecht von Schleswig, das in vielem dem Lübischen Recht glich.

Die Bewohner der neuen Städte – in Holstein wie in Schleswig – stammten überwiegend aus dem ländlichen Umkreis, doch ließen sich auch nicht wenige Fernhändler nieder. Und noch etwas war bedeutsam: Die Bettelorden, Franziskaner und Dominikaner, bauten in diesen Städten ihre Klöster und bereicherten das kulturelle und geistliche Leben. Eine soziale Tätigkeit entfalteten sie zudem durch die Einrichtung von Spitälern für Arme und Kranke.

Die Städte erfüllten – abgesehen von Lübeck und Hamburg – in erster Linie eine Binnenmarktfunktion. Diese ergab sich nicht zuletzt durch entsprechende rechtliche Maßnahmen des Landesherrn, indem er der Bevölkerung der umliegenden Kirchspiele den Marktzwang auferlegte. Auch das Handwerk wurde durch landesherrliche Ordnungsmaßnahmen auf die Städte konzentriert. Die große Ähnlichkeit der gewerblichen Struktur der schleswig-holsteinischen Städte erklärt sich somit aus deren Versorgungsfunktion für das Umland. Nennenswertes Exportgewerbe entwickelte sich nur in Lübeck und Hamburg und – mit Abstrichen – in Kiel und Flensburg. Die beiden erstgenannten Hansestädte dominierten seit dem 13. Jahrhundert voll und ganz den Fern- und Transithandel und initiierten zur Aufrechterhaltung dieser Stellung und zur Sicherung der Verkehrswege eine Reihe ordnungspolitischer Maßnahmen im Raum Südholstein und Lauenburg. Dazu gehörte auch der Erwerb von umfangreichem Landbesitz entlang der Handelswege im Dreieck Hamburg – Lübeck – Lüneburg. Seit 1241 schlossen Lübeck und Hamburg mehrfach Verträge ab, um den Straßenraub zu bekämpfen, die Handelswege durch bewaffnetes Geleit der Kaufmannszüge zu sichern, etliche Raub-Ritterburgen zu zerstören und auf die Einhaltung des Landfriedens gemeinsam hinzuwirken. Die Straße zwischen Lübeck und Hamburg war seit dem Spätmittelalter die wichtigste Verkehrsverbindung in Norddeutschland. Um ihren immens gestiegenen Salzbedarf zu decken, ließen die Lübecker Kaufleute, abgesichert durch Verträge mit dem Herzog von Sachsen-Lauenburg, von 1391 bis 1398 den Stecknitzkanal zwischen Mölln und Lauenburg an der Elbe erbauen. Auf diesem ersten Wasserscheidekanal in Nordeuropa, der nach bescheidenen Anfängen ständig weiter ausgebaut wurde, wurden im Spätmittelalter jährlich mehrere Millionen Pfund Salz aus den Lüneburger Salinen in die Travestadt transportiert. Dem Lüneburger Salz verdankten die Lübecker einen guten Teil ihres Wohlstands, denn sie hatten damit lange Zeit ein Handelsmonopol im ganzen Norden. Der zweite Grundpfeiler des Lübecker Reichtums war der Heringshandel, für den ebenfalls Unmengen Salz benötigt wurden.

Die große Pestepidemie, die Schleswig-Holstein über die Hafenstädte 1349 erreichte und der in den beiden Landen binnen eines Jahres rund ein Drittel der Bevölkerung zum Opfer fiel, bedeutete nicht nur sozial- und kulturgeschichtlich eine tiefe Zäsur, auch die wirtschaftsgeschichtlichen Auswirkungen waren erheblich. Schätzungen zufolge lebten in Schleswig und Holstein nach dieser ersten Pestwelle nur noch rund 250000 Menschen. Große Teile der überlebenden Landbevölkerung flohen in die von der Entvölkerung besonders betroffenen Städte. Die Folge war eine dramatische Verknappung der ländlichen Arbeitskraft. Ackerland verödete, überall entstanden Wüstungen. In manchen Regionen ging die Zahl der Bauernstellen um mehr als die Hälfte zurück. Nicht nur die landwirtschaftliche Produktion sank infolgedessen rapide. Zu den wirtschaftlichen Folgen gehörte ein starker Preisverfall von Grund und Boden. Verstärkt wurde diese Entwicklung dadurch, dass es in den Jahrzehnten nach 1350 immer wieder Pestjahre gab, in denen der Schwarze Tod zwar nicht so gnadenlos wie zur Jahrhundertmitte zuschlug, aber doch hart genug, um Schrecken und Not zu verfestigen. Zudem meldeten sich auch die Naturgewalten mit aller Macht zu Wort: Am 8. September 1362 ereignete sich die bis dahin verheerendste Sturmflut, im Volksmund «große Manndränke» benannt, bei der große Teile Nordfrieslands und Dithmarschens in den Fluten der Nordsee versanken. Auch führten klimatische Schwankungen zu einer Reihe von Missernten.

Die frei gewordenen Bauernstellen, die wegen der Bevölkerungsverluste nicht neu besetzt werden konnten und verödeten, hat in der Regel der Adel seinem Hofland hinzugefügt, wodurch die Entwicklung der Gutswirtschaften beschleunigt wurde. Dies sollte sich mit der wirtschaftlichen Erholung im 15. Jahrhundert und dem Anziehen der Getreidepreise dahingehend auswirken, dass in den östlichen Regionen eine genuine adlige Grundherrschaft heranwuchs, die sich in der frühen Neuzeit in voller feudaler Ausprägung über große Teile des östlichen Schleswig-Holstein ausbreitete. Zugleich wurde ein Konzentrationsprozess ausgelöst, der die Anhäufung von Grundbesitz in wenigen Adelsfamilien förderte. Auf diesen Gutswirtschaften wurden neben den bestehenden Hufen dienstpflichtige Kätner angesiedelt, wodurch eine neue Schicht in der Agrargesellschaft entstand.

IV. Vom Lehns- zum Ständestaat

1. «Auf ewig ungeteilt» – Ritterschaft und Fürstenmacht

Herzog Adolf VIII. hinterließ bei seinem Tod Ende 1459 keinen unmittelbaren Erben, der in beiden Landen die Herrschaftsrechte hätte beanspruchen können. Die durch die Machtpolitik der Schauenburger vorangebrachte faktische Einheit Schleswigs und Holsteins stand somit bei Einsetzung verschiedener Landesherren auf dem Spiel. Aus der näheren Verwandtschaft Adolfs hatte der 1448 zum dänischen König gewählte Graf Christian von Oldenburg, Adolfs Neffe, nach geltendem Erbrecht nur auf das Herzogtum Schleswig einen Anspruch und Graf Otto aus der Pinneberger Seitenlinie der Schauenburger nur auf die Grafschaft Holstein.

In dieser Lage waren insbesondere die Interessen des nördlich und südlich der Eider Land besitzenden und Herrschaftsrechte ausübenden holsteinischen Adels gefährdet. Dieser hatte sich längst von einer landesherrlichen Lehnsmannschaft in eine ständische Korporation verwandelt. Und als solche vermochte er es, sich in beiden Landen als Ritterschaft zu einem Schwurverband zusammenzubringen, der trotz unterschiedlicher staatsrechtlicher Bindung der beiden Lande nur einen gemeinsamen Herrn anerkennen wollte. Da man sich aber nicht auf einen Kandidaten einigen konnte, nutzte König Christian I. die Gunst der Stunde und beeinflusste die Verhandlungen durch Gewährung weit gehender politischer und wirtschaftlicher Privilegien zu seinen Gunsten. Am 2. März 1460 huldigten ihm die in Ripen (Ribe) versammelten wahlberechtigten Räte als Herzog von Schleswig und Grafen von Holstein. Als Gegenleistung fertigte er am 5. März 1460 die Ripener Handfeste (Wahlkapitulation) aus. Sie wurde einen Monat später nach Huldigung der holsteinischen Ritterschaft durch die Kieler «Tapfere Verbesserung» ergänzt, in der die Rechte der Ritterschaft noch erweitert wurden. Mit ihr wurde ein dynastisch gebundenes Wahlrecht festgeschrieben, denn künftig musste jeder neue dänische König als Graf (ab 1474 Herzog) von Holstein und Herzog von Schleswig von der Ritterschaft bestätigt werden. Das Jahr 1460 war der Beginn der über 400jährigen (bis 1864 dauernden) engen staatsrechtlichen Verbindung zwischen Schleswig, Holstein und Dänemark.

Die Wahl zum neuen Landesherrn war von Christian teuer erkauft worden – sowohl politisch als auch finanziell. Die Ritterschaft erhielt rechtlich abgesichert bedeutenden Anteil an der Landesherrschaft und musste dem Landesherrn künftig lediglich innerhalb Schleswigs und Holsteins Heerfolge leisten. Wichtige Herrschaftsakte waren nur noch mit Zustimmung der adligen Räte möglich. Zudem sollten alle Ämter in den beiden Landen nur noch mit Einheimischen besetzt werden. Das richtete sich deutlich gegen den reichsdänischen Adel. Dass der Wahlakt der Ritterschaft bezogen auf Holstein rechtlich zweifelhaft war, wurde übersehen: Denn im Gegensatz zu Schleswig galt in Holstein deutsches Lehnsrecht, das bis hinauf zu den Herzögen keine Wahl, sondern die männliche Erbfolge vorsah, die vom obersten Lehnsherrn, dem Kaiser, bestätigt werden musste. Kaiser Friedrich III. erhob jedoch keinen Einspruch gegen die Wahl Christians I.

Was die finanziellen Folgen der Wahl anging, so musste Christian sich verpflichten, seine Brüder und die Pinneberger Nebenlinie der Schauenburger finanziell zu entschädigen. Er durfte diese großen Geldsummern jedoch nicht durch Steuern aus dem Land holen. So wurde gegen weitere politische Zugeständnisse der schleswig-holsteinische Adel durch Kreditgewährung in erheblichem Umfang Gläubiger des Landesherrn.

Die Wahl Christians stellte einen Bruch mit der bisherigen Politik der Schauenburger dar, die darauf zielte, Schleswig aus dem dänischen Reichsverband zu lösen und mit Holstein zu verbinden. Nun war der dänische König auch im deutschen Reichslehen Holstein Landesherr geworden und die dänische Herrschaft bis zur Elbe vorgedrungen. Damit war de facto und de jure eine Lage geschaffen worden, die bis in die zweite Hälfte des 19. Jahrhunderts hinein immer wieder Konflikte heraufbeschwören sollte. Schleswig und Holstein wurden 1460 durch den gemeinsamen Landesherrn aber nicht nur mit dem dänischen Königreich verbunden, sondern durch diesen – wenngleich nicht rechtlich-politisch – auch mit der Nordischen Union der drei Reiche Dänemark, Schweden und Norwegen. Damit wurden die beiden Lande auch in die verwickelten inneren und äußeren Auseinandersetzungen dieser Union bis zu deren Auflösung 1523 hineingezogen.

Eine symbolische Aufwertung seiner Herrschaft erreichte Christian I. 1474 durch die Erhebung Holsteins zum Herzogtum durch Kaiser Friedrich III. Damit verbunden konnte Christian die Zuerkennung der holsteinischen Oberherrschaft über das bisher dem Erzbistum Bremen unterstehende Dithmarschen erwirken. Dies blieb zunächst jedoch ohne praktische Auswirkungen, zeigt aber, dass der Oldenburger die traditionelle Politik der Schauenburger gegenüber Dithmarschen wieder aufzugreifen trachtete. Erst sein Nachfolger auf dem Thron, Johann, und dessen Bruder, Herzog Friedrich, versuchten im Februar 1500 mit einer großen schleswig-holsteinisch-dänischen Streitmacht die Unterwerfung Dithmarschens zu erzwingen, erlitten dabei aber gegen dessen Bauernaufgebot bei Hemmingstedt eine vernichtende Niederlage, die für zwei Generationen die Unabhängigkeit Dithmarschens von Holstein sicherte.

Die 1460 ausgehandelten Verträge beinhalteten im Detail kompliziert ausformulierte Regularien, die zwar die beiden Lande im Interesse und zum Nutzen der beteiligten Parteien vorerst befriedeten und vor den ewigen Streitereien im Zusammenhang mit Erbfolgeregelungen der Schauenburger bewahrten, die langfristig aber bei unterschiedlicher Auslegung der Ripener Bestimmungen zu neuen Auseinandersetzungen führen sollten. Noch vor Ablauf des Jahrhunderts fingen die dänischen Monarchen an, das ständische Wahlrecht der Herzogtümer zugunsten eines dynastischen Erbrechts auszuhebeln, wodurch auch die garantierte Unteilbarkeit mehr und mehr zur Fiktion wurde. Denn nach dem Tode König Christians 1481 einigten sich der neue König Johann und sein Bruder Friedrich hinsichtlich der beiden

Herzogtümer dahingehend, dass jeder der beiden sowohl in Schleswig als auch in Holstein Herrschaftsteile bekommen sollte – und zwar in einer unübersichtlichen Gemengelage, die nach außen hin den Eindruck der Einheit aufrecht erhielt.

Gemäß der «Tapferen Verbesserung» von Kiel sollte der Landesherr seine «Mannschaft», also den Adel, in den beiden Landen alljährlich zu politischen Beratungen zusammenrufen. Dazu kam es jedoch nicht. Stattdessen führten ab 1462 die Stände beider Lande gemeinsam sogenannte Tagfahrten durch. Sie waren der Ursprung der dann regelmäßig stattfindenden ständischen Landtage. An ihnen teilzunehmen waren hohe Geistlichkeit (Prälaten), Adel (korporativ zusammengeschlossen zur schleswig-holsteinischen Ritterschaft) und einige privilegierte Städte berechtigt. Die Landtage waren Ausdruck der politischen Partizipationsrechte der Stände und dienten deren Sicherung – insbesondere bezogen auf Steuer- und Erbfolgefragen sowie alle Angelegenheiten, die Bündnisse des Landesherrn, Landesteilungen, Schuldenabtrag und nicht zuletzt Krieg und Frieden betrafen. Diese Art der Teilhabe an der Herrschaft stellte mit der Ausbildung landständischer Verfassungen und dem Dualismus von Land (d.h. Stände) und Landesherr eine bedeutende Phase im spätmittelalterlichen Staatsbildungsprozess dar. In Schleswig und Holstein fand dieser Prozess im reichsweiten Vergleich verspätet statt. In dieser sich hier verfassungstypologisch als Dreikuriensystem darstellenden ständischen Repräsentation hatte die Kurie des Adels, also die Ritterschaft, die absolute Übermacht. Das wurde nach der Reformation noch deutlicher, als der Landtag praktisch zu einer reinen Vertretung der Ritterschaft wurde. Das Bauerntum hat – anders als in Dänemark – niemals die Standschaft gewonnen. Im Unterschied zu Dänemark hat der Landesherr allerdings aufgrund der ritterschaftlichen Dominanz die Ständeversammlung in Schleswig-Holstein auch nicht als Forum und Instrument einer gegen den Adel gerichteten Politik nutzen können.

Die Stände übten als lokale Amtsträger die unmittelbare Herrschaft über die bäuerliche und städtische Bevölkerung aus. Die landesherrliche Gewalt lag in dieser Zeit fast ausschließlich in den Händen des holsteinischen Hochadels. Bis 1459 waren fast alle schleswigschen und holsteinischen Ämter entweder als Eigentum oder pfandweise in die Hand von Adligen aus der Gefolgschaft Adolfs VIII. gelangt. Sie stellten somit die wirtschaftlich stärkste und folglich politisch mächtigste Gesellschaftsgruppe dar. Sie bestimmten den Rat des Landesherrn, und in welchem Maße sich dieser Rat als der eigentliche Repräsentant der Lande fühlte, zeigte er 1466, als er mit dem dänischen Reichsrat eine politische Union beschloss, um mit diesem künftig «dem gemeinen Besten zu Gute» anstehende Probleme zu beraten und zu lösen. Die Union der Räte bewährte sich in der folgenden Zeit insbesondere bei der Abwehr der landesherrlichen Versuche, die ständischen Privilegien zu umgehen oder einzuschränken. Das Zusammenwirken von schleswig-holsteinischem und dänischem Ratsadel trug auch noch 1523 Früchte, als der dänische Reichsrat die absolutistische Züge tragende, gegen die Privilegien des Adels gerichtete Herrschaft König Christians II. beseitigen wollte und diesen absetzte. Im Bunde mit dem schleswig-holsteinischen Adel gelang es, den Onkel des Königs, den auf Schloss Gottorf bei Schleswig residierenden Herzog Friedrich, als neuen dänischen König zu installieren. Unter der Führung des bewährten Haudegens Graf Johann Rantzau zwang Friedrich in einem kurzen Feldzug nach Dänemark seinen Neffen Christian II. zum Thronverzicht.

Für seinen Einsatz im Kampf gegen Christian II. verlieh Friedrich I. dem schleswig-holsteinischen Adel 1524 die volle Gerichtsbarkeit (über «Hals und Hand», wie es hieß) über seine grundherrlichen Untertanen und zugleich die eigene Befreiung von der landesherrlichen Gerichtsbarkeit sowie weitere wirtschaftliche Privilegien, unter denen die Zollfreiheit für seine landwirtschaftliche Produktion und die Steuerfreiheit die wichtigsten waren.

Die Verbindung von Gutswirtschaft und Grundherrschaft mit Gerichtshoheit bildete die Grundlage für die bäuerliche Leibeigenschaft, die sich im 16. Jahrhundert ausbreitete und der schließlich fast die Hälfte der Bauernschaft unterlag. Zunächst stark im Osten und Süden Holsteins ausgeprägt, verloren nun auch alle gutsuntertänigen Bauern in Schleswig den landesherrlichen Rechtsschutz und fielen unter die adlige Gerichtshoheit, die 1573 durch das adlige Landgericht rechtlich kodifiziert wurde. Das Privileg von 1524 lieferte zudem den rechtlichen Ansatzpunkt für die Erweiterung und Arrondierung der Güter zu einer großflächigen, geschlossenen adligen Grundherrschaft. Zahlreiche Bauernstellen wurden zwangsweise niedergelegt und dem adligen Hoffeld zugeschlagen, die Äcker verkoppelt und die bäuerlichen gutsuntertänigen Dienstpflichten erweitert. So gingen Verfestigung der Ständemacht und Verlust bäuerlicher Freiheiten Schritt für Schritt einher. Zwar konnten die Bauern außerhalb der Gutsbezirke ihre persönliche Freiheit überwiegend erhalten, doch differenzierten sich auch hier die rechtlichen Verhältnisse zwischen freien, eigene Hufe besitzenden Bauern auf der einen und Kätnern, Insten sowie Festebauern, wie die Pachtbauern im Landesteil Schleswig bezeichnet wurden, auf der anderen Seite.

Ihren Höhepunkt erreichte die Ständemacht im Jahr 1533, als die adligen Räte der Herzogtümer mit den dänischen Reichsräten einen neuen Unionsvertrag schlossen, der diesmal mehr als ein Konsultationsbündnis war, nämlich ein echter Beistandspakt. In ihm wurden gegenseitige Verpflichtungen festgelegt, die sowohl auf eine abgestimmte Außenpolitik zielten als auch die ständischen Rechte gegenüber dem Landesherrn bewahren helfen sollten. Sie schlossen dieses Bündnis vor dem Hintergrund von Bauernunruhen in Jütland und der Drohung der Rückkehr des landflüchtigen Christian II. auf den Thron nach dem Tode Friedrichs I. im selben Jahr.

Zwei Jahre zuvor hatte Lübeck eine politische Kehrtwende vollzogen und zu erkennen gegeben, dass es den früher als Gegner der Hanse verfemten Christian II. wieder auf dem Thron sehen wollte. Dahinter standen wie immer merkantile Interessen, nämlich die Sicherung der lübischen Handelsdominanz in der Ostsee durch Sperrung der dänischen Durchfahrten für die westeuropäische Konkurrenz. Seitdem das Nowgoroder Hansekontor 1494 von Iwan III. gewaltsam geschlossen worden war und seitdem immer mehr holländische Handelsschiffe die Häfen der östlichen Ostsee anliefen, war die handelswirtschaftliche Protektionspolitik Lübecks und der Hanse zunehmend ins Wanken geraten. Im Grunde genommen war sie angesichts der Schwerpunktverlagerung des Seehandels in den Atlantik infolge der kolonialen Expansion überholt. Gleichwohl versuchte Lübeck, die alte Privilegienpolitik in Dänemark durchzusetzen. Außerdem schien den Lübeckern eine Teilung der Herrschaft in Dänemark und den Herzogtümern ihren handelspolitischen Interessen nützlicher als eine Alleinherrschaft des Königs von der Elbe bis nach Norwegen. Solchermaßen ermutigt, versuchte Christian II. von seinem niederländischen Exil aus die Rückeroberung der Königskrone, geriet aber, als Friedrich I. ihm Verhandlungen anbot, in eine Falle und musste die restlichen 28 Jahre seines Lebens auf Schloss Sonderburg als Gefangener verbringen.

Nach dem Tod Friedrichs I. ergriff nun Lübeck direkt die Initiative, um seine Ziele doch noch zu erreichen. In der Travestadt hatten innerstädtische Unruhen den ebenso ungestümen wie ambitiösen Jürgen Wullenwever 1533 in das Bürgermeisteramt gebracht und der Herrschaft der alten Patriziergeschlechter ein Ende bereitet. Wullenwever hatte nicht nur weitgesteckte politische Ziele, er war zudem ein entschiedener Vorkämpfer des Luthertums. Durch seinen Einfluss konnte sich die vom alten Rat lange behinderte neue Lehre 1531 mit der Verabschiedung der von Johannes Bugenhagen entworfenen Kirchenordnung in der Hansestadt durchsetzen. Mit führenden dänischen Bürgerkreisen in Kopenhagen und Malmö traf er politische Absprachen, die bei Befreiung und Wiedereinsetzung Christians II. der Travestadt umfangreiche Handelsprivilegien zusicherten.

Als Heerführer für den Feldzug nach Dänemark konnte Wullenwever die beiden Grafen Christoph von Oldenburg und Johann von Hoya gewinnen, nach denen der Krieg, der zwischen 1534 und 1536 große Teile Dänemarks verwüstete und in den auch die Herzogtümer hineingezogen wurden, als ‹Grafenfehde› in die Geschichtsbücher einging. Für Lübeck wurde der Krieg schon 1535 mit der Niederlage seiner Flotte in der Seeschlacht vor Svendborg zu einem vollständigen Fiasko, mit dem das Ende der einstigen Handelsdominanz im Norden eingeläutet wurde. Auch die Herrschaft Wullenwevers in Lübeck war damit gescheitert. Nach seiner Flucht fand er 1537 einen schändlichen Henkerstod in Wolfenbüttel. Der alte Rat konnte seine politische Macht zurückgewinnen und die patrizische Verfassung wieder herstellen. Die lutherische Kirchenordnung allerdings blieb bestehen, nicht aber die wirtschaftliche Vormacht Lübecks und der Hanse im Norden, die in den folgenden Jahrzehnten jäh dahinschwand und auch durch weitere militärische Unternehmungen, nun gegen Schweden, nicht erhalten werden konnte.

Durch die Union von 1533 vermochten die schleswig-holsteinischen und dänischen Räte die durch die Grafenfehde verursachte Krise gemeinsam zu meistern. Für Schleswig-Holstein war dieses Bündnis zudem von hohem symbolischem Wert, denn seine Räte schlossen es nach dem Tod Friedrichs I. gewissermaßen als autonomes Staatswesen. Sie vermochten es auch, den Sohn Friedrichs I., Christian, dem sie im Juni 1533 die Huldigung als neuem Herzog von Schleswig und Holstein entgegengebracht hatten, beim zunächst zögerlichen dänischen Reichsrat als neuen dänischen König Christian III. durchzusetzen. Wieder war es Johann Rantzau, der für seinen Herzog die Königsherrschaft in Dänemark militärisch realisierte. Rantzau besiegte nicht nur die beiden in lübischem Sold stehenden Grafen, sondern schlug auch in einem blutigen Feldzug die Bauernunruhen in Nordjütland nieder.

2. Reformation

Schon vor diesen Ereignissen hatte sich die evangelische Lehre in Schleswig, Holstein und Dänemark verbreitet. In Hamburg vermochten zahlreiche Prediger bereits um 1520 weite Kreise anzusprechen. Eine ausgeprägte «Ketzerpresse», die aufmerksame Leser fand, trug das Ihre dazu bei. Anfang der 1520er Jahre waren die ersten Prediger auch in den Städten der Herzogtümer anzutreffen; sie prangerten neben den materiellen Verfehlungen der katholischen Prälaten vor allem die Missstände in der Seelsorge an. Hochburgen wurden Husum und vor allem Hadersleben, wo Friedrichs I. Sohn Christian, seit seiner Teilnahme am Reichstag zu Worms 1521 überzeugter Lutheraner, ab 1524 die Reformation energisch vorantrieb. In diesem Jahr erhielt der Dreiundzwanzigjährige als Statthalter die Herrschaft über das Amt Hadersleben des Herzogtums Schleswig. Die evangelischen Prediger verbreiteten die neue Lehre schließlich auch auf dem flachen Land, nicht zuletzt mit Hilfe der nun auf Niederdeutsch vorliegenden Lutherschen Bibelübersetzung.

Die protestantischen Klagen gegen den katholischen Klerus kamen erstmals 1525 auf einem Landtag in Rendsburg zur Sprache. Die katholischen Bischöfe protestierten zwar beim König und Herzog gegen die ihrer Meinung nach ketzerische Agitation der evangelischen Prediger, doch Friedrich I. erlaubte diesen, in seinen Ländern weiterzupredigen. Ja, er stellte sogar Schutzbriefe aus und ließ die Bildung von Gemeinden zu, die nicht mehr unter der Kontrolle der katholischen Bischöfe standen. Allerdings bekannte Friedrich sich nicht eindeutig, sondern lavierte bis zu seinem Tod zwischen den beiden Glaubensrichtungen. Einen vollständigen Bruch mit dem Katholizismus vermied er. Der sollte seinem Sohn und Nachfolger vorbehalten bleiben. Durch Theologen aus Halberstadt und Goslar ließ dieser junge Geistliche ausbilden, und 1528 verpflichtete er die Pfarrer in seinem Herrschaftsbereich auf eine neue lutherische Kirchenordnung, die sogenannten Haderslebener Artikel. Erstmalig wurde damit landesherrliches statt bischöfliches Kirchenregiment ausgeübt.

Die reformierte, von den Lehren Zwinglis ausgehende Richtung der evangelischen Reformation, die in einigen Städten der Herzogtümer sowohl Prediger als auch Hörer hatte, wurde 1529 auf dem Flensburger Religionsgespräch unter der lutherischen Wortführerschaft Johannes Bugenhagens ausgeschaltet, dessen Lehrmeinung sich Herzog Christian zu Eigen machte. Er erkannte auch früh die Bedeutung der lutherischen Zweireichelehre für die Landesherrschaft. Die reformierten Prediger mussten die Herzogtümer verlassen.

Insgesamt verlief der Prozess der Reformation in Schleswig-Holstein ruhiger als südlich der Elbe. Das Martyrium des lutherischen Predigers Heinrich von Zütphen, der Ende 1524 in Dithmarschen einer Verschwörung von Dominikanermönchen und altgläubigen Bauern zum Opfer fiel und in Heide als Ketzer verbrannt wurde, blieb die Ausnahme. In Lübeck und Kiel führte das Auftreten von chiliastischen Schwärmern nur zu kurzfristigen Bürgerunruhen, bis sich die Lutheraner durchsetzen konnten.

Die Ritterschaft erkannte mehrheitlich schon früh, dass sie aus einer Beschränkung der Kirche auf die seelsorgerischen Aufgaben wirtschaftlich und politisch Profit ziehen könnte. Deshalb unterstützte sie den Landesherrn bei seinen kirchenpolitischen Maßnahmen wie der Einziehung des Kirchenguts und vor allem der Besteuerung des Klerus. Gerade Letzteres bot die Möglichkeit, in den Besitz von Kirchenland zu gelangen, da der Klerus wegen der nun erheblichen Steuerlast seinen Grundbesitz kapitalisieren musste. So kauften Angehörige der Ritterschaft bis zum landesherrlichen Aufkaufverbot im Jahre 1543 rund 550 Bauernstellen (Hufen) sowohl aus klösterlichem als auch bischöflichem Besitz – die Hälfte davon erwarben allein die Rantzaus. Johann Rantzau, der reichste Mann im Lande, erweiterte seinen bereits beträchtlichen Gutsbezirk um 89 Bauernstellen. Friedrich I. und insbesondere Christian III. wiederum schufen durch den Zugriff auf das Kirchengut neue Amtsbezirke oder vergrößerten bereits bestehende. Außerdem konnten sie ihre im Kampf um die dänische Krone entstandenen finanziellen Verpflichtungen nicht unerheblich abtragen.

Die Konfiskationen geschahen jedoch nicht auf einen Schlag. Zunächst wurden ab 1528 die Klöster der städtischen Bettelorden aufgelöst und deren Gebäude und Vermögen der betreffenden Stadt übertragen mit dem Auftrag, damit die Armen- und Krankenpflege zu übernehmen. Die Feldklöster fielen an den Landesherrn. Einige Frauenklöster dienten fortan der Versorgung und Unterbringung unverheirateter adliger Töchter und verwitweter Frauen und wurden der Ritterschaft übertragen. Allein das Bistum Lübeck konnte aufgrund des Einflusses der Hansestadt einen Großteil seines Landbesitzes in Ostholstein bewahren. Es wurde allerdings säkularisiert und führte von da an als Fürstbistum Lübeck ein politisches Eigenleben.

Neben der wirtschaftlichen Entmachtung des Klerus stand die Neubesetzung der verbliebenen hohen geistlichen Ämter durch Angehörige der landesherrlichen Familie auf der Tagesordnung. Die Übertragung der bischöflichen Diözesangewalt auf die Landesherrschaft und die Durchführung einer dichten Folge von Visitationen gehörten zu den wichtigsten Maßnahmen, die in der Folgezeit zur Entwicklung eines konfessionell homogenen frühmodernen Staates lutherischer Prägung führten. Die im Volk entfachte Spiritualität wurde in ein obrigkeitlich geregeltes Kirchenwesen im Sinne Luthers umgeleitet. Dessen praktische Durchführung erfolgte in Dänemark nach Beilegung der «Grafenfehde» und Christians III. Huldigung durch die dänischen Stände zum neuen dänischen König unter tatkräftiger Mitwirkung Johannes Bugenhagens, der 1537 eine neue Kirchenordnung für Dänemark entwarf, die sich eng an die Haderslebener Artikel anlehnte. Bugenhagen war es auch, der Christian III. in Kopenhagen die Königskrone aufs Haupt setzte.

In den Herzogtümern konnte die Reformation erst einige Jahre später vollendet werden. Christian III. nahm nolens volens Rücksicht auf einige Altgläubige im holsteinischen Hochadel. Widerstand leistete bis zu seinem Tod 1541 vor allem der einflussreiche Bischof von Schleswig, Gottschalk von Ahlefeldt, ohne allerdings den Konflikt eskalieren zu lassen. Mit der nachfolgenden Einsetzung des ersten protestantischen Bischofs in Schleswig, des Theologieprofessors Tilmann von Hussen, und der Neuordnung des Schleswiger Domkapitels erfolgten entscheidende kirchenpolitische Weichenstellungen auf dem Weg zur Landeskirche. Auf dem Landtag zu Rendsburg stimmten schließlich am 9. März 1542 die Stände der neuen evangelischen Kirchenordnung zu, die von der dänischen nur geringfügig abwich. 1559 wurde die Kirchenordnung auch auf Dithmarschen und 1640 auf die Herrschaft Pinneberg ausgedehnt.

Die in niederdeutscher Sprache abgefasste gemeinsame Kirchenordnung für Schleswig und Holstein bedeutete in der Folge für die Herzogtümer ein neues und starkes einigendes Band. Diese Kirchenordnung und die sich auf sie beziehende Volksschulordnung, die zwei Jahre später (1544) von Christian III.

erlassen wurde, bildeten die Grundlage für eine evangelische Volkserziehung, durch die der Bildungsstand der einfachen Bevölkerung allmählich verbessert wurde. Das sollte nicht zuletzt der wirtschaftlichen Entwicklung zugute kommen.

Für die spätere Geschichte des Herzogtums Schleswig sollte von größter Bedeutung werden, dass es gemäß Luthers Grundsatz, dass die Predigt des Evangeliums in der Sprache des Volkes und nicht auf Latein zu erfolgen habe, zu einer Differenzierung der Kirchensprache kam: Im nördlichen Schleswig wurde auf dem Lande auf Dänisch gepredigt, in den Städten wie Apenrade, Hadersleben und Tondern dagegen überwiegend auf Niederdeutsch. In Mittel- und Südschleswig war die Kirchensprache in den Städten zunächst Niederdeutsch, später immer mehr Hochdeutsch. Da die Kirchensprache später für die Schulsprache maßgebend wurde, spielte diese sprachliche Differenzierung zunächst für die kulturelle, später für die nationale Identität eine ausschlaggebende Rolle.

V. Das Zeitalter der Teilungen

1. Ausbau der Landesherrschaft und Verfall der Ständemacht

Die politische Macht der Stände hatte 1533 ihren Höhepunkt erreicht. Danach legte der mit ihrer Hilfe auf den Thron gelangte Christian III. in den 25 Jahren seiner Herrschaft die Grundlagen für deren fortschreitende Entmachtung. Als wesentlicher Beitrag dazu sollten sich die neuerlichen Teilungen der Herrschaftsrechte herausstellen, die 1544 erstmalig durchgeführt wurden und die in der Folgezeit nach weiteren Teilungen dazu führten, dass sich die Teilherrschaften zu Territorien entwickelten, in denen die Herzöge nach fürstlicher Souveränität strebten.

1544 machte Christian III. seinen auf Schloss Gottorf residierenden Halbbruder Adolf in beiden Herzogtümern zum Mitregenten, indem diesem in einigen Ämtern zu gleichen Teilen die herzoglichen Herrschaftsrechte zuerkannt wurden. Die Teilung richtete sich nach Ertragskraft und nicht nach territorialer Gleichheit. Die Teilungsgebiete waren auch ohne territorialen Zusammenhang. Die gleichmäßige und genau beschriebene Aufteilung der Länder nördlich und südlich der Eider sollte die fortwährende Einheit der Herzogtümer sicherstellen. Nach seiner Residenz erhielt der Anteil Herzog Adolfs an der Landesherrschaft die Bezeichnung Gottorfer Anteil; es war das Herzogtum Schleswig-Holstein-Gottorf. Um auch seinen zweitjüngsten Halbbruder Johann zufrieden zu stellen, trennte Christian III. einige Ämter aus seinem königlichen Anteil heraus und gab sie Johann als Lehen. Weil Johann keine Erben hinterließ, teilten der Gottorfer und der König 1581 auch diesen Teil unter sich auf.

So erhielten die Herzogtümer zeitweilig drei regierende Herren, allerdings unter dem Fortbestehen ungeteilter Stände gemäß den Verträgen von 1460. Ungeteilt blieben auch die Gesetzgebung und oberste Rechtsprechung, die landständischen Steuern und das Heerwesen. Dass hier, bei der Beteiligung von (einschließlich der Stände) vier Parteien an der Landesherrschaft, Konflikte vorgezeichnet waren, liegt auf der Hand. Diese sollten sich insbesondere zwischen König und Gottorfer Herzog in dem Maße verschärfen, je stärker der dänische König die gemeinschaftlich regierten Gebiete der Herzogtümer in seine nordeuropäische Machtpolitik einzuspannen und in den dabei geführten Kriegen auf deren wirtschaftliche Ressourcen zuzugreifen versuchte. Um diesen Zugriff abzuwehren und in dem Bestreben, sich aus der Lehnshoheit des Königs zu lösen, suchten die Gottorfer Herzöge mehr und mehr Anlehnung an Schweden – dem Hauptrivalen des Dänenkönigs um die Dominanz im Norden. Das trug zum großen Teil dazu bei, dass es zu einer zunehmenden Entfremdung innerhalb der Oldenburger Dynastie kam, die schließlich auch militärisch ausgetragen werden sollte.

Einen ersten, symbolischen Teilerfolg in Richtung Loslösung aus der königlichen Lehnshoheit konnte bereits Herzog Adolf im Jahre 1548 verbuchen, als ihm von Kaiser Karl V. bestätigt wurde, dass Holstein ein Gesamtlehen des Reiches sowie Reichsstandschaft mit Sitz und Stimme auf den Reichstagen sei. Adolf erreichte diese Versicherung nicht zuletzt dadurch, dass er an der Seite des Kaisers am Krieg gegen den Schmalkaldischen Bund teilnahm – als evangelischer Fürst.

Holstein war dadurch anerkanntermaßen staatsrechtlich ein Teil des römisch-deutschen Kaiserreiches, wohingegen Schleswig ein vom Kaiser anerkanntes Lehen Dänemarks blieb. Später sollte es zur Streitfrage darüber kommen, ob es sich hierbei um ein Kronlehen oder um ein dänisches Reichslehen handelte, also um einen Teil Dänemarks. Darüber machte die Unionsvereinbarung von 1533 keine Aussage. Diese Frage war insofern von Bedeutung, als daraus unterschiedliche Verpflichtungen des Vasallen, das heißt des Gottorfer Herzogs, gegenüber dem Lehnsherren, dem dänischen König, erwuchsen. Spielraum für unterschiedliche Interpretationen in dieser Hinsicht ergab sich auch daraus, dass sich mit der Teilung von 1544 in Schleswig und Holstein wieder das bereits von den Schauenburgern angewandte deutsche Familienerbrecht gegenüber dem noch 1460 praktizierten Fürstenwahlrecht skandinavischer Prägung durchgesetzt hatte, das sich als Schutz vor territorialer Zersplitterung erwiesen hatte. Erst 1579 konnte nach zähen Verhandlungen in dieser Frage der Kompromiss erreicht werden, dass die Parteien die staatsrechtliche Stellung Schleswigs zu Dänemark als mit der Holsteins zum Kaiserreich vergleichbar ansahen, ohne dass es allerdings ein Teil Dänemarks sei.

Bereits 1564 hatte durch König Friedrich II. eine neuerliche Subdivision des königlichen Anteils stattgefunden, mit der Friedrich Erbansprüche seines Bruders Johann befriedigte, des Stammvaters der Sonderburger Linie (zur Unterscheidung vom Haderslebener Johann d. Jüngere genannt). Johann erhielt etwa ein Drittel des königlichen Anteils in beiden Herzogtümern an Schlössern, Ämtern und Städten. Die Stände konnten auch diese Teilung, wie schon die von 1544, nicht verhindern. Eines allerdings vermochten sie diesmal: Um eine noch weitergehende Zersplitterung der Gesamtherrschaft zu verhindern, verweigerten sie Johann d. Jüngeren auf dem Landtag im Herbst 1564 die Huldigung. Unterstützung fanden sie dabei bei Herzog Adolf, dem Onkel Johanns d. Jüngeren, dem mehr an einer Straffung der Gesamtherrschaft und Ausweitung seines herzoglichen Einflusses als an weiteren Teilungen gelegen war. Die Stände konnten sich mit ihrer starren Haltung auch deshalb gegenüber dem König durchsetzen, weil dieser deren Unterstützung im soeben ausgebrochenen Krieg gegen Schweden benötigte, der als der Nordische Siebenjährige Krieg (1563–1570) in die Geschichtsbücher einging und hauptsächlich um die Beuteanteile am zerfallenden Ordensstaat im Baltikum geführt wurde.

Johann d. Jüngeren wurde damit verwehrt, als Herzog auch regierender Landesherr zu sein. Er war somit der erste sogenannte ‹abgeteilte Herr› (nämlich von der Landesherrschaft), dem weitere folgen sollten. Er bezog seine Geltung und sein Auskommen nur aus dem von ihm verwalteten Landesteil, in dem er jedoch entgegen der staatsrechtlichen Stellung faktisch wie ein souveräner Herr herrschte. Da er an der Gesamtherrschaft nicht beteiligt war, musste er auch nicht auf die Stände Rücksicht nehmen. Durch den Aufkauf adliger Güter und durch Niederlegen von Dörfern vermochte er es, sich einen geschlossenen fürstlichen Gutsbezirk zu schaffen, den er in frühmerkantilistischer Manier bewirtschaftete. Seine Kassen füllte er in Zeiten guter Agrarkonjunktur vor allem durch Getreidelieferungen nach Westeuropa, und um sich die aufwendige fürstliche Repräsentation leisten zu können, streckte er seine Finanzen durch gelegentliche Münzverschlechterungen. Außer dieser unternehmerischen Tätigkeit widmete er sich überwiegend dem Bauwesen: Neben dem Ausbau von Schloss Sonderburg zur fürstlichen Residenz ist aus seiner regen Bautätigkeit vor allem der Neubau von Schloss Glücksburg erwähnenswert, das er am Ort des alten, nach der Reformation aufgelassenen Zisterzienserklosters Rude errichten ließ.

Johann d. Jüngere verfügte – auch hierbei das Staatsrecht missachtend, jedoch der zeitgemäßen privatrechtlichen Auffassung des Fürstenstandes folgend –, dass nach seinem Tod sein ohnehin kleiner Besitz wiederum unter seinen Söhnen aufgeteilt wurde, so dass 1622 mehrere Kleinstfürstentümer entstanden. Hiervon erloschen im 18. Jahrhundert einige wieder, und ihr Besitz fiel an die dänische Krone zurück. Die Sonderburger Linie, die sich wiederum in den Augustenburger und den Glücksburger Zweig teilte, erlangte im Zusammenhang mit dänischen Thronfolgefragen im 19. Jahrhundert historische Bedeutung.

Die der Ritterschaft gehörenden Besitzungen, das heißt die Gutsbezirke, und die privilegierten, auf dem Landtag vertretenen Städte wurden 1544 nicht aufgeteilt und von König und Gottorfer Herzog (bis 1580 war auch noch Herzog Johann d. Ältere beteiligt) fortan gemeinsam regiert. Zu diesem Zweck wurde 1564 mit der «Gemeinschaftlichen Regierung» eine Institution geschaffen, die aus Räten bestand, die von den Landesherren ernannt wurden. Immerhin wurden bei dieser Gelegenheit auch die Rechte und Pflichten der gemeinsamen Regierung schriftlich fixiert. Als eigenständigen Herrschaftsbereich gab es darüber hinaus noch bis 1640 die seit 1390 bestehende Herrschaft Pinneberg der Schauenburger Nebenlinie. Nach deren Erlöschen wurde aus einem Teil der Herrschaft die Reichsgrafschaft Rantzau gebildet, mit der sich die nach dem Landesherrn mächtigste Adelsfamilie der Herzogtümer die Reichsstandschaft erwarb. Schließlich gehört zur Aufzählung der politischen Gebilde noch das Fürstbistum Lübeck mit seiner Residenz Eutin, das nach der Reformation entstanden war. Nachdem es im 17. Jahrhundert der Versorgung nachgeborener Söhne der Gottorfer Herzöge diente, herrschte hier bis zur Auflösung eine Nebenlinie der Gottorfer.

Solchermaßen war die politisch-administrative Gestalt Schleswig-Holsteins hergestellt, wie sie in den folgenden rund 200 Jahren in ihren Grundzügen Bestand haben sollte. Was in diesem langen Zeitraum dagegen keinen Bestand hatte, war die innere Gestaltung der Teilgebiete sowie ihr politisches und staatsrechtliches Verhältnis zueinander. Innerhalb ihrer Teilreiche zielten die Herzöge von Anbeginn an darauf, die politische Macht der Stände einzuschränken. Der Hebel, dessen sie sich zu diesem Zweck bedienten, war die Beseitigung des Fürstenwahlrechts durch die Ritterschaft. Dies führte am Ende des 16. Jahrhunderts zu einer heftigen Konfrontation zwischen Herzog und Ritterschaft und rief in den Reihen der Letzteren Fraktionierungen hervor, die zu einer politischen Schwächung des Standes führten.

Ein weiterer und schließlich noch stärkerer Ansatzpunkt zur Einschränkung der Ständemacht, konkret des Adels, war die Ausbildung der landesherrlichen Behördenorganisation. Nach 1544 entstanden zwei Zentralverwaltungen: Für die königlichen Anteile in den Herzogtümern die ‹Deutsche Kanzlei› in Kopenhagen, für die herzoglichen Anteile die Kanzlei in der Residenz Gottorf. In den gemeinsam regierten Teilen der Herzogtümer konnte dagegen die Ritterschaft ihre Stellung aufgrund der Privilegien bewahren, die mit der Grund- und Gutsherrschaft verknüpft waren. Eine gewisse Selbstverwaltung behielten die von den Ämtern zu unterscheidenden Landschaften (Dithmarschen, Eiderstedt, Stapelholm, Nordstrand, Sylt und Fehmarn).

Vor allem die Gottorfer Herzöge bauten nach dem Muster anderer deutscher Territorien aus den lockeren Formen des überkommenen spätmittelalterlichen Ständestaates nach und nach einen immer umfangreicheren Behördenapparat auf. Dabei spielte die Finanzpolitik der Landesherrn, die darauf zielte, sich von der ständischen Steuerbewilligung zu befreien, eine zentrale Rolle. Juristisch geschulte Räte, die in der Regel bürgerlicher Herkunft waren und überwiegend nicht aus den Herzogtümern stammten, haben zum Nachteil der Ritterschaft in allen staatlichen Bereichen in der Verwaltung des Landes Fuß gefasst. Dadurch wurde das Indigenatsrecht durch den Landesherrn faktisch ausgehebelt. Der Widerstand der Ritterschaft gegen die politisch-administrative Entmachtung war ein über Jahrzehnte andauerndes Rückzugsgefecht, in dem die Ritterschaft allein schon deshalb auf verlorenem Posten stand, weil die Interessen der beiden Landesherrn in dieser Sache zusammenfielen. Den Gottorfer Herzögen ist es allerdings aufgrund der ständigen Finanzprobleme des Kleinstaates nie gelungen, einen vollkommen ausgebildeten frühmodernen Finanzstaat zu schaffen, wie er für andere Staaten der Zeit, auch Dänemark, kennzeichnend war. Anders verhielt es sich indes mit der zentralen, von den Ständen losgelösten und allein dem Landesherrn verpflichteten Verwaltung, dem zweiten Kennzeichen frühmoderner Staatlichkeit. Dieser Verwaltungsstaat wurde während der Regierung Herzog Friedrichs III. (1616–59) verwirklicht, so dass dieser am Ende seiner Regierungszeit über das Instrumentarium verfügte, das für eine absolute Herrschaft unentbehrlich war.

Die Anfänge des frühmodernen Staates entwickelten sich nicht allein im Spannungsfeld von ständischen und landesherrlichen Interessen. Zum Gesamtbild gehören auch die Durchsetzung eines einheitlichen, obrigkeitlichen lutherischen Kirchenregiments, die Förderung wirtschaftspolitischer Maßnahmen wie die Vereinheitlichung von Münzwerten, Maßen und Gewichten und nicht zuletzt die Neugestaltung des Rechtswesens. Sozialgeschichtlich gehört dazu auch der Prozess der Disziplinierung des Adels zu Untertanen.

In den Kontext der obrigkeitlichen Regulierungs- und Disziplinierungsstrategien des frühmodernen Staates gehören letzten Endes auch die Hexenverfolgungen, die in Schleswig und Holstein, wie im übrigen Europa, seit der Reformation um sich griffen und vor allem im krisengeschüttelten 17. Jahrhundert obrigkeitlich gesteuert waren. Bis zur letzten Hinrichtung im Jahr 1735 forderte sie rund 1000 – stark überwiegend weibliche – Opfer. Damit erreichten die Herzogtümer zwar nicht die Verfolgungs- und Hinrichtungsintensität anderer Regionen des Reiches, gehörten aber gleichwohl in Anbetracht der geringen Bevölkerungszahl nicht zu den verfolgungs- und prozessarmen Gebieten.

2. Der herzoglich-königliche Gegensatz im Jahrhundert der Kriege

Nach den territorialen Regelungen von 1581 wurde immer deutlicher, dass die beiden Landesherren danach strebten, die staatsrechtliche Stellung ihrer Herrschaftsgebiete zu ihren Gunsten zu verändern: Der König trachtete danach, seine schleswiger Anteile mit dem Königreich zu vereinen, der Herzog von Gottorf seinerseits war bestrebt, in seinem Anteil souverän zu werden. Dieser Gegensatz entzweite König und Herzog umso stärker, als der dänische König das Herzogtum Schleswig und seine königlich-holsteinischen Anteile in den Dienst seiner außenpolitischen Ambitionen einspannte. Er führte schließlich vor dem

Hintergrund europäischer Kriege und Krisen zu militärisch ausgetragenen Auseinandersetzungen, die die Herzogtümer mehrere Jahrzehnte lang stark in Mitleidenschaft zogen.

Bereits seit der Mitte des 16. Jahrhunderts hatten sich Spannungen zwischen den Landesherren aufgebaut, die vor allem vom Gottorfer Herzog hervorgerufen wurden. Seit der Teilung von 1544 und bis kurz vor seinem Tod lag Herzog Adolf mit dem König im Streit über die Bedingungen des Lehnsverhältnisses im Herzogtum Schleswig. 1556 ließ sich Adolf ohne Einvernehmen mit seinem Lehnsherrn in Nachfolge seines Halbbruders Friedrich vom Schleswiger Domkapitel zum Bischof wählen, was durchaus im Einklang mit dem Gebaren anderer lutherischer Landesfürsten im Reich stand. Dadurch wurde er geistliches Oberhaupt auch in den königlichen Teilen des Bistums Schleswig. Den nicht unerheblichen Landbesitz des Bistums betrachtete er als seinem territorialen Besitzstand zugehörig. Seit 1557 Oberst des Niedersächsischen Kreises, stand Adolf, obwohl protestantischer Fürst, hoch in der Gunst des Kaisers. Beides verlieh ihm Ansehen und Macht, und beides führte er gegen den König ins Feld. Seine Finanzen besserte er mit Hilfe seiner Verbindungen zum kaiserlichen Hof dadurch auf, dass er sich für den spanischen Feldherrn Alba bei dessen Feldzügen in den Niederlanden als Kriegsunternehmer betätigte, indem er diesem Rüstung und Mannschaft verkaufte. Nach dem Tod Christians III. 1559 wollte Adolf den vermeintlichen Machtgewinn nutzen, die Bauernrepublik Dithmarschen zu erobern, um dort die bereits 1548 vom Kaiser bestätigten holsteinischen Herrschaftsrechte zu realisieren. Das rief allerdings seine beiden Mitregenten, seinen Bruder Herzog Johann d. Älteren von Hadersleben und seinen jüngst erst als Friedrich II. auf den dänischen Thron gelangten Neffen, auf den Plan, die sich die lohnende Beute nicht entgehen lassen wollten. So zogen die drei Fürsten noch einmal zu einem gemeinsamen militärischen Unternehmen, das wiederum von Johann Rantzau geleitet wurde. Der Feldzug war kurz und zeitüblich grausam. Die unterworfene Bauernrepublik teilten die drei Fürsten unter sich auf. Allerdings beließ man Dithmarschen eine weitgehende Selbstverwaltung, und die Ritterschaft erhielt auch keinen Zugriff auf dortige Ländereien. Sein machtpolitisches Geschick und seine Konfliktbereitschaft bewies Adolf 1581 noch einmal, als es nach dem Tode Herzog Johanns d. Älteren um die Aufteilung von dessen Herrschaftsanteilen ging und Adolf dabei einen territorialen Zugewinn für sich verbuchen konnte. Am Ende seiner Regentschaft hatte Adolf das Territorium seines Herzogtums verdoppelt – überwiegend auf Kosten seiner Mitregenten.

Aus solchen wiederkehrenden Spannungen sollten im frühen 17. Jahrhundert Existenz bedrohende Krisen werden, obwohl es nach Adolfs Tod 1586 und dem Tod König Friedrichs II. zwei Jahre darauf zunächst so aussah, als könnte es zu einem Ausgleich zwischen den beiden regierenden Linien kommen. In dem Konflikt zwischen fürstlichem Erbanspruch und ständischem Wahlprivileg, der nach Adolfs Tod ausbrach, ergriff die Königswitwe Sophie, die bis 1593 die Vormundschaft über ihren Sohn Christian IV. ausübte, Partei für die Gottorfer Herzogssöhne. Diese verwiesen in ihren Herrschaftsansprüchen auf die Erbverfügung Adolfs, wonach sein Herrschaftsanteil unter seinen beiden ältesten Söhnen aufgeteilt werden sollte. Dem widersetzte sich jedoch die schleswig-holsteinische Ritterschaft mit aller Macht, um die für sie schädlichen präjudiziellen Auswirkungen dieser Nachfolgeregelung abzuwehren. Der frühe Tod der beiden Herzogssöhne und die Anerkennung des ständischen Wahlrechts durch den dritten Sohn und nunmehrigen Gottorfer Herzog Johann Adolf entschärften 1590 den Konflikt nur vorübergehend. Denn Sophie fand in ihrem Bemühen, bei der Einsetzung ihres inzwischen volljährigen Sohnes Christian in den königlichen Teilen der Herzogtümer die Forderungen der Stände zu umgehen, in Johann Adolf einen Verbündeten. Ihm stand sie in seiner akuten Finanznot mit großzügigen Krediten zur Seite, die ihn aus der Klammer seiner adligen Gläubiger befreiten. Das Zweckbündnis erhielt durch die Verheiratung ihrer Tochter Augusta mit dem Gottorfer zusätzlich höhere Weihen. In der Folge begünstigten scharfe Fraktionierungen innerhalb der Ritterschaft die jungen Landesherren, so dass Johann Adolf es 1608 erfolgreich wagen konnte, ein Primogeniturstatut für sein Herzogtum zu erlassen, das sowohl vom Kaiser als auch von seinem Schleswiger Lehnsherrn und Schwager Christian IV. bestätigt wurde. Die Ansprüche nachgeborener Söhne sollten künftig nicht mehr durch Herrschaftsbeteiligung, sondern finanziell abgegolten werden. Das ständische Wahlrecht wurde durch das Statut zwar nicht de jure aufgehoben, aber de facto außer Kraft gesetzt, wie sich 1616 zeigen sollte, als Friedrich III. seine Herrschaft von den Ständen lediglich bestätigen ließ.

Auch den letzten Schlag gegen ständische Rechte zur Durchsetzung des fürstlichen Alleinherrschaftsanspruchs führten die beiden Landesherren noch in gegenseitigem Einvernehmen, nämlich die Beseitigung des ständischen Steuerbewilligungsrechts, wobei der König gegenüber dem Gottorfer Herzog aufgrund ungleich größerer Macht- und Finanzmittel im Vorteil war. Zwar wurden den Ständen die Privilegien nicht entzogen, doch die Landesherren kümmerten sich bei ihren immer neuen und höheren Steuerforderungen nicht mehr um das prinzipielle Zustimmungsrecht des Landtages, sondern ließen diesem nur noch von ihren Räten die Propositionen vorlegen und allenfalls noch die Steuerhöhe verhandeln. Und auch dies wurde um die Mitte des 17. Jahrhunderts eingestellt, indem den Ständen die landesherrlichen Steueranschläge zur Kenntnis gereicht wurden, über die es kein Verhandeln mehr gab. Die durch die Kriegsverwüstungen krisengeschüttelten Landstände nahmen dies hin und erkannten auch, dass der Landtag damit seine ureigenste Funktion verloren hatte. 1675 trat er letztmalig ‹ordentlich› zusammen. Nunmehr wurde das ‹Geheime Ratskollegium› des Gottorfer Herzogs, ganz im Sinne absolutistischer Staatsführung, das oberste Verwaltungsgremium. Der Gottorfer holte hier nur nach, was im königlichen Teil der Herzogtümer durch den Kopenhagener Zentralismus bereits verwirklicht worden war.

Die Entzweiung der beiden Herrscherhäuser, die zur existentiellen Krise des Gottorfer Staates führen sollte, setzte ein, als Christian IV. 1625 als neugewählter Oberst des Niedersächsischen Kreises und selbsternannter Verteidiger des lutherischen Glaubens in den großen Krieg gegen die kaiserliche Liga eintrat, aus dem sein Gottorfer Vetter sich heraushalten wollte. Christians Motive waren nicht nur Glaubensfragen. Er sah in dem Eingreifen die Chance, seine Machtposition in Norddeutschland zu festigen und über die Unterelbe hinaus auszuweiten. Er hatte bereits in anderen Teilen seines großen Reiches mit militärischem Einsatz gezeigt, dass er eine konsequente merkantilistische Wirtschafts- und Territorialpolitik verfolgte. 1611–1613 hatte er im sogenannten Kalmar-Krieg die dänische Position im Ostseeraum auf Kosten Schwedens erweitert und dadurch die größte Ausdehnung des Königreichs Dänemark erreicht, das nun von der Elbe bis zum Eismeer und von Grönland bis zur Insel Ösel reichte. Die vollständige Inbesitznahme und Kontrolle der bedeutenden Transiträume Unterelbe und Unterweser musste für ihn deshalb eine große Verlockung darstellen. Sein Kalkül sollte indes nicht aufgehen. Er verspielte schließlich nicht nur wichtige Provinzen im Osten und Norden seines Reiches, sondern ruinierte die Staatsfinanzen und machte sich Gottorf zum erbitterten Gegner, das in das Lager des dänischen Erzfeindes Schweden überwechselte, wo es allerdings zwischen den beiden skandinavischen Reichen bis zum Ende des Jahrhunderts zerrieben wurde. Und dieser dänische Erzfeind Schweden sah sich am Ende des Dreißigjährigen Krieges im Besitz der norddeutschen Territorien, auf die Christian ein Auge geworfen hatte.

Nicht hinreichend gerüstet und von den nordwesteuropäischen protestantischen Staaten zum Teil nur zögerlich unterstützt, warf sich Christian dem von Tilly geführten Ligaheer entgegen und wurde im August 1626 in der Schlacht bei Lutter am Barenberg im Harzvorland vernichtend geschlagen. Da die norddeutschen Verbündeten nach und nach von Christian abfielen, stand dem vereinigten Heer Tillys und Wallensteins der Weg nach Norden offen. Bis Oktober 1627 waren die Herzogtümer und ganz Jütland von den Kaiserlichen besetzt. Durch diesen Feldzug wurden auch die gottorfischen Territorien stark in Mitleidenschaft gezogen, obwohl Herzog Friedrich III. zum großen Ärger seines Lehnsherrn Christian eine Neutralitätspolitik verfolgte, ja den Kaiserlichen sogar Festungen zur Verfügung stellte. Die kaiserlichen Landsknechte und Obristen machten bei ihrem Rauben und Totschlagen jedoch keinen Unterschied zwischen königlich-dänischen und herzoglich-gottorfischen Territorien. Wie sollten sie die komplizierte staatsrechtliche Gemengelage auch kennen. Wer sich ihren Forderungen widersetzte, erhielt kein Pardon. Aber Pardon hatten auch schon die überwiegend schottischen Landsknechte des Dänenkönigs auf ihrer Flucht nach Norden nicht gegeben. Die Bevölkerung außerhalb der befestigten Städte litt unter der zweifachen Heimsuchung besonders. Das besetzte Land musste das siegreiche Heer ernähren – durch Fourage und Kontributionen. Auch mancher Adelssitz ging beim Vormarsch der Kaiserlichen in Flammen auf, darunter das prächtige Schloss Breitenburg der Rantzaus, dessen in ganz Europa berühmte, von Heinrich Rantzau zusammengetragene Bibliothek von den Siegern fortgeschleppt wurde.

Um den Dänenkönig in seiner bedrängten Lage von einem Bündnis mit Schweden abzuhalten, schloss Wallenstein 1629 in Lübeck mit Christian IV. einen für diesen maßvollen Frieden, der die königlichen Besitzstände restituierte. Nicht mehr der Däne war nunmehr der Hauptgegner des Kaisers im Norden, sondern Gustav II. Adolf, König der Schweden, wurde es Ende 1629, nachdem er mit dem König von Polen einen Frieden geschlossen hatte, der dem Schwedenkönig die Herrschaft über die Ostseeküste von Danzig bis Reval einbrachte. Ab 1630 spielte sich das Kriegsgeschehen überwiegend im Süden des Deutschen Reiches zwischen Schweden mit seinen deutschen Verbündeten auf der einen und den Kaiserlichen auf der anderen Seite ab – mit zunächst schwedischem, dann kaiserlichem Kriegsglück. Im Schatten dieses Krieges konnten sich die Herzogtümer wieder einigermaßen erholen. Christian IV. begann indes nach den ersten schweren Niederlagen der Schweden neuerlich Kriegspläne zu schmieden und zu rüsten. Die finanziellen Mittel verschaffte er sich durch Münzverschlechterung, Anziehen der Steuerschraube und durch eine exorbitante Erhöhung des Sundzolles, womit vor allem die Schiffahrt der Niederländer getroffen wurde, die postwendend ein Bündnis mit Schweden eingingen. Im Winter 1643/44 holten die Schweden, von den Niederländern ermutigt, zu einem überraschenden Präventivschlag gegen Dänemark aus. Hauptkriegsschauplatz waren die

Herzogtümer, die erst von den Schweden überrannt, dann von Christian IV. mit Hilfe der Kaiserlichen zurückerobert und schließlich erneut von einem schwedischen Heer eingenommen wurden. Dieses anderthalbjährige Hin und Her traf die Herzogtümer härter als alle Kriegshandlungen zuvor. Nach dem von Frankreich 1645 vermittelten Frieden von Brömsebro stand Schweden mit territoriellem Zugewinn und bedeutenden Schifffahrtsprivilegien auf Kosten Dänemarks als die dominierende Macht im Norden da. Sie war nun auch Schutzmacht des Herzogtums Schleswig-Holstein-Gottorf, nachdem Herzog Friedrich 1644 mit den Schweden ein Neutralitätsabkommen geschlossen hatte – unter Druck zwar, aber unter offenkundiger Verletzung der 1623 mit dem Dänenkönig erneuerten Union.

Nach 1645 suchte der Gottorfer Herzog nolens volens engen Rückhalt bei Schweden, was 1657 in ein gegen Dänemark gerichtetes Geheimbündnis mündete. Für Schweden war Gottorf nicht allein deshalb von Interesse, um den revanchelüsternen Dänenkönig im Zaum zu halten, der seit 1655 wieder gegen Schweden rüstete, sondern auch, weil es als Landbrücke zu den Fürstbistümern Bremen und Verden diente, die Schweden im Westfälischen Frieden zugefallen waren. In dem Bündnis von 1657 war auch ein politisches Ziel Gottorfs formuliert, das nach dem erfolgreichen Feldzug der Schweden gegen Dänemark verwirklicht wurde, nämlich die vollständige Befreiung der Schleswiger Anteile aus der dänischen Lehnsbindung. Wieder war es ein Präventivschlag, der den Schweden Vorteile brachte: Noch im Herbst 1657 besetzte der schwedische König Karl X. Gustaf von Holstein aus Jütland, und in einem tollkühnen Winterfeldzug eroberte er eine dänische Insel nach der anderen, wobei ihm die ungewöhnliche Kälte, die die Meerengen zufrieren ließ, für seine Truppenbewegungen zu Hilfe kam. Die festgefrorene große dänische Flotte konnte unterdessen in das Kriegsgeschehen nicht eingreifen. Im Februar 1658 standen die Schweden vor der dänischen Hauptstadt. Um zu retten, was noch zu retten war, willigte König Friedrich III. in ein Friedensangebot (sog. Panikfrieden von Roskilde) ein, durch das alle dänischen Besitzungen jenseits des Öresunds, immerhin ein Drittel Dänemarks (ohne Norwegen), an Schweden verloren gingen. Im Mai 1658 wurde der Dänenkönig dazu noch zum sogenannten Kopenhagener Vergleich mit dem Herzog von Gottorf gezwungen, durch den dieser die Souveränität im Schleswiger Anteil des Herzogtums erlangte.

Doch zur Ruhe kam dieser Kleinstaat nicht, denn der dänisch-schwedische Konflikt zog sich weiter über ein halbes Jahrhundert hin. Mit jedem Kriegszug wurden die Herzogtümer von neuem entweder als Schlachtfeld verwüstet oder als Versorgungsraum ausgepresst, oft auch beides. Natürlich wollte der dänische König weder die «Untreue» seines abgefallenen gottorfischen Vasallen noch die Verluste ureigensten dänischen Landes jenseits des Sundes hinnehmen. Deshalb nutzte er wiederholt die Bündnisverschiebungen und Konflikte auf der großen europäischen Bühne für seine antischwedische Revanche. Der erste dieser Kriege, 1658–60, endete zwar nur mit dem Status quo ante, führte aber innenpolitisch zu einer Umwälzung der dänischen Staatsverfassung. König Friedrich III. verbündete sich im Laufe dieses Krieges mit dem dänischen Bürgertum, weil der Adel militärisch und administrativ versagte und weil der König die Kredite der reichen Kopenhagener Bürger für seine Kriegführung brauchte. Eine neuerliche Belagerung der Hauptstadt durch schwedische Truppen konnte mit niederländischer Flottenhilfe Anfang 1659 abgewehrt werden, während ebenfalls mit Dänemark verbündete brandenburgische und polnische Truppen in den Herzogtümern den Schweden den Weg zu ihren norddeutschen Besitzungen abschnitten. Wieder war die Bevölkerung marodierenden Landsknechten ausgeliefert, die dazu auch noch verheerende Seuchen einschleppten, die zu katastrophalen Bevölkerungsverlusten führten.

Der Ermattungsfrieden von Kopenhagen, der im Mai 1660 auf niederländischen und englischen Druck hin zustande kam, hinterließ ausgemergelte Herzogtümer und ein hoch verschuldetes dänisches Königreich. In den Beratungen über die Behebung der Staatsschuld schlugen sich Geistlichkeit und Bürgertum auf die Seite des Königs, so dass es auf dem Ende 1660 in Kopenhagen zusammengetretenen Ständereichstag zu einem förmlichen Staatsstreich gegen den Adel kam, dessen Steuerfreiheit und einige weitere Privilegien beseitigt wurden. Die Vertreter des Adels wurden zudem von den übrigen Ständen gezwungen, der vom König vorgelegten «Erb- und Alleinherrschaftsakte» zuzustimmen. Damit wurde durch Herrschaftsvertrag der Absolutismus (dän. Enevælde, Eingewalt) in Dänemark eingeführt, der 1665 durch die *Lex Regia*, die einzige kodifizierte absolutistische Verfassung, grundgesetzlich festgeschrieben wurde und fast 200 Jahre, bis 1849, in Kraft bleiben sollte. Nach der Staatsumwälzung folgte die nach Kollegien organisierte Neuordnung der Zentralverwaltung. Die *Lex Regia* galt zwar nicht für den königlichen Teil Schleswigs, doch auch hier war der König als Herzog nun faktisch souverän und wie der Gottorfer Herzog Herr über alle Untertanen – auch über die privilegierten Stände. Die zentralen Kollegien in Kopenhagen waren auch für die königlichen Anteile der Herzogtümer zuständig. Während der Gottorfer weiterhin Souverän von schwedischen Gnaden war, war es der dänische König kraft Recht und tatsächlicher eigener Macht. Das sollte der Gottorfer in den folgenden Jahren wiederholt zu spüren bekommen, insbesondere nachdem mit Christian V. in Kopenhagen 1670 ein König an die Regierung gelangte, der eine dezidiert gottorffeindliche Politik verfolgte und die Ausgleichsbemühungen seines Vorgängers nicht fortsetzte.

Obwohl im Frieden von Kopenhagen die Souveränität des Herzogtums Schleswig-Gottorf von den europäischen Großmächten garantiert worden war, wurde es in den folgenden Jahrzehnten zum Spielball eben dieser Garantiemächte, die sich in wechselnden Konstellationen bekriegten. Für das Schicksal Gottorfs spielte Frankreich die Schlüsselrolle. In den Kriegen der 1670er Jahre, als Ludwig XIV. im Bündnis mit Schweden in die Defensive geriet, nutzte der mit den Gegnern Frankreich/Schwedens verbündete Christian V. die schwedische Niederlage bei Fehrbellin, um 1675 das Herzogtum Gottorf zu besetzen und von Herzog Christian-Albrecht die Anerkennung der dänischen Oberhoheit zu erwirken. Doch schon vier Jahre später musste durch den Friedensschluss von Fontainebleau der Gottorfer restituiert werden. Die «Gottorfer Frage» blieb aber weiter virulent und spitzte sich in den 1680er Jahren durch das große Bündnisrevirement der europäischen Mächte zu: Nunmehr fand sich Dänemark im französischen Lager, und die Reunionspolitik Ludwigs XIV. wurde für Christian V. zum Vorbild, die Frage mit militärischer Gewalt zu lösen und die Gottorfer Anteile Schleswigs einzuziehen. Doch auch dieses Mal sollte diese Lösung keinen Bestand haben, weil Frankreich durch den Pfälzischen Krieg seine Unterstützung Dänemarks, gegen das eine antifranzösische Koalition einen Nebenkriegsschauplatz aufzubauen drohte, nicht mehr gewährleisten konnte. Im sogenannten Altonaer Vergleich von 1689 wurde Gottorf wieder restituiert und die gemeinsamen Institutionen und Rechte in den Herzogtümern wurden bestätigt. Schien es zunächst so, als könnte nun nach Jahrzehnten des Gegeneinanders eine auf Ausgleich bedachte Politik der beiden Regierungen zum Wohle der Herzogtümer Platz greifen, führten schon nach wenigen Jahren wiederum Herrscherwechsel zu einer Neuauflage des alten Konfliktes: Herzog Friedrich IV. lehnte sich wieder enger an Schweden an und schlug gegenüber dem dänischen König einen harschen Konfrontationskurs ein. Der neue dänische König, der ebenfalls Friedrich IV. hieß, fand in dieser Situation den Weg zu einer aufstrebenden Macht, die künftig die Geschicke Nordosteuropas bestimmen sollte, nämlich Russland. In das von Zar Peter I. am Ende der 1690er Jahre gegen Schweden geschmiedete Bündnis mit Polen trat der Dänenkönig bereitwillig ein.

Im Großen Nordischen Krieg (1700–1721) wurden die Herzogtümer gleich wieder zum militärischen Schauplatz, als der Dänenkönig im Frühjahr 1700 gegen die Gottorfer Festungen zog. Doch konnte die überraschende Landung schwedischer Truppen auf Seeland im Spätsommer 1700 ein letztes Mal die Wiederherstellung der Gottorfer Souveränität sowie die Neutralität Dänemarks erzwingen. Als sich aber mit der Schlacht von Poltava 1709 das Kriegsglück von den Schweden abwandte, nutzte der dänische König dies, um sein Bündnis mit Russland und Polen neu zu beleben und im Jahre 1713 das Herzogtum Gottorf mit militärischer Unterstützung der Verbündeten zu besetzen. In den internationalen Friedensschlüssen am Ende des Nordischen Krieges 1720/21 wurden König Friedrich IV. die ungeteilten Besitzrechte am gesamten Herzogtum Schleswig zugesprochen, aus den besetzten holsteinischen Anteilen des Gottorfer Herzogs musste er sich jedoch wieder zurückziehen. Das Herzogtum Gottorf war fortan ein auf diese zersplitterten holsteinischen Anteile reduzierter, ausgelaugter und hoch verschuldeter Kleinststaat mit der nunmehrigen Residenzstadt Kiel als Mittelpunkt.

VI. Wirtschaft und Gesellschaft in der Frühen Neuzeit

1. Landwirtschaft und Seefahrt

Die nach 1500 besonders guten Absatzbedingungen für Agrarprodukte in Westeuropa waren für den Adel Anreiz, sich verstärkt der Landwirtschaft zu widmen. Bis 1600 stiegen die Preise um etwa das Vierfache, für einzelne Produkte sogar noch mehr. Die seit der Privilegierung von 1524 ungehinderte Aneignung der bäuerlichen Arbeitskraft durch zunehmende Verschärfung der Leibeigenschaft trug ein Übriges zur Blüte der Gutswirtschaften bei. Um 1600 waren die adligen Gutsbezirke im Besitz von etwa der Hälfte der Bauernstellen in Holstein; in Schleswig waren es dagegen nur rund 18 Prozent. Hier überwogen weiterhin die landesherrlichen Besitzungen. Die zahlreiche gutsuntertänige Landbevölkerung gliederte sich rechtlich in Hufner, Kätner und Insten, die in unterschiedlichem Maße Hand- und Spanndienste zu verrichten hatten. In den westlichen Gebieten der Herzogtümer, insbesondere in den Marschlandschaften und in Altholstein, überwogen grundbesitzende freie Bauern, wobei es hier allerdings im Laufe der frühen Neuzeit durch Besitzkonzentration und Bevölkerungszunahme zu einer starken sozialen Differenzierung kam, die neben einer Großbauernschicht kleine und kleinste unterbäuerliche Existenzen hervorbrachte, die als Kätner und Häusler ihr Dasein fristeten – eine Sozialstruktur, die bis weit ins 19. Jahrhundert hinein Bestand haben sollte. Auch die großbäuerlichen Betriebe an der Westküste profitierten von der Agrarkonjunktur. Ein Teil des Gewinns wurde in Deichbauten investiert, die vom Landesherrn angeregt wurden. Dadurch konnte wertvolles Land für Ackerbau und vor allem Viehzucht gewonnen werden. Allerdings wurde ein beträchtlicher Teil durch die große Sturmflut im Oktober 1634 wieder zunichte gemacht.

Um die Flucht der gutsuntertänigen Dienstpflichtigen in die Städte oder die leibeigenschaftsfreien Regionen Schleswig-Holsteins zu verhindern, wurde in den Gutsbezirken die Schollenbindung eingeführt, wodurch die Leibeigenschaft ihre volle Ausprägung erhielt. Als solche wurde sie auf dem Landtag 1614 ausdrücklich als gültiger Rechtszustand konserviert – und sollte fast zwei Jahrhunderte bestehen bleiben. Die reale Ausgestaltung der Leibeigenschaft konnte innerhalb des rechtlichen Rahmens aber von Gut zu Gut unterschiedlich sein: Sie reichte von kaum zu leistenden täglichen Frondiensten, die durch scharfe Strafmaßnahmen begleitet wurden, auf der einen Seite bis zu angemessenen Dienstpflichten und fürsorglichen gutsherrlichen Verhältnissen auf der anderen Seite. Die strenge Form fand sich fast ausschließlich in den ostholsteinischen Gutsbezirken.

Der durch Inbesitznahme von Wüstungen, durch Aufkauf oder Zwang (Bauernlegen) und nicht zuletzt durch Auflösung kirchlichen Grundbesitzes in Folge der Reformation arrondierte Gutsbesitz wurde aus dem Flurzwang herausgenommen und zu größeren Feldeinheiten zusammengefasst, die in der Regel mit Zäunen, später mit Wallhecken (Knicks) eingefriedet wurden. Sie wurden zum Vorbild für die im 18. Jahrhundert durchgeführte allgemeine Auflösung des Flurzwanges und der großflächigen Verkoppelung, durch die das heute für Schleswig-Holstein so typische Landschaftsbild entstand.

Die Gutsbesitzer konnten so bereits im 16. Jahrhundert auf ihren Feldern individuell und rationell wirtschaften und waren nicht mehr auf Absprachen der bäuerlichen Feldgemeinschaft angewiesen. Diese hatte auch durch die adlige Eigengerichtsbarkeit keine Möglichkeit mehr, gegen die Separierung rechtlich vorzugehen, zumal auch die Landesherren dazu übergingen, ihre Güter nach dem Vorbild des Adels zu bewirtschaften. Allerdings waren hier die Dienstpflichten nicht so ausgeprägt wie auf den adligen Gütern.

Die vom Adel und von den Landesherren praktizierte fortschrittlichere Form der Landwirtschaft brachte nicht nur höhere Erträge, sie erlaubte es auch, schneller auf Marktlagen zu reagieren und auch Innovationen wie die Milchwirtschaft zu wagen. Diese nach ihrer Herkunft Holländerei genannte Bewirtschaftungsform erbrachte auf einzelnen Gütern gegen Ende des 17. Jahrhunderts bereits bis zur Hälfte des Ertrages. Im 16. und frühen 17. Jahrhundert war es vor allem die Rinderzucht, die große Profite abwarf. Die ständig wachsende Nachfrage nach Fleisch in den bevölkerungs- und gewerbereichen Ländern am Niederrhein ließ viele Gutsherren in großem Stil auf die kapitalintensive Bewirtschaftungsform der Ochsenmast umsteigen – in erster Linie in Jütland und im Herzogtum Schleswig. Die schlachtreifen Ochsen wurden von den Aufkäufern und ihren Gehilfen überwiegend über den alten, auf dem Geestrücken verlaufenden Heerweg alljährlich in zahllosen Herden von 50 bis 1000 Tieren von Jütland zur Unterelbe nach Hamburg, Bramstedt oder Wedel getrieben, wo die Tiere weiterverkauft wurden. Nicht nur für die Züchter und die Händler war dies ein einträgliches Geschäft. Unterwegs, am Ochsenweg, wie der Heerweg bald hieß, und an den Nebentriften bestritten zahlreiche Schankwirte und kleine Gewerbetreibende damit ihr Auskommen. Die Landesherren verdienten nicht nur dadurch, dass viele Tiere von königlichen bzw. herzoglichen Gütern stammten, sondern sie erhoben an verschiedenen Transitstellen Zoll, so dass diese Ochsenzölle beispielsweise für den Herzog von Gottorf mehr als drei Viertel seiner gesamten Zolleinnahmen ausmachten. 1579 etwa passierten rund 40000 Tiere den Rendsburger Zoll. Der Koldinger Zoll brachte dem dänischen König um die Mitte des 17. Jahrhundert rund ein Fünftel der Zolleinnahmen des gesamten Königreiches. Auch die Marschbauern an der Westküste verdienten, indem sie Magerochsen aufkauften, diese auf den fetten Marschwiesen mästeten und dann nach Holland verschifften. Die wirtschaftliche Bedeutung dieses Ochsenhandels zeigt sich auch darin, dass er von den Landesherren streng reglementiert wurde.

Über den Ochsen- und auch Holzhandel wurden die niederländischen Seeprovinzen für die schleswig-holsteinische Westküstenbevölkerung zu einem bedeutenden wirtschaftlichen Bezugspunkt, der mit dem Aufstieg der niederländischen Schifffahrt und des dortigen Seehandels zur europäischen Vormacht im 17. Jahrhundert den Bewohnern auf den Inseln Amrum, Sylt und vor allem Föhr eine Einkunftsquelle bot, die für die nordfriesische Wirtschafts- und Sozialgeschichte von allergrößter Bedeutung wurde. Bereits im frühen 17. Jahrhundert heuerten Nordfriesen auf Schiffen der Vereinigten Ostindischen Kompanie an. Ihre Beteiligung an der niederländischen Seefahrt manifestierte sich aber vor allem auf dem Gebiet des Walfangs im europäischen Nordmeer, der sogenannten Grönlandfahrt. Es entwickelte sich seit der Mitte des 17. Jahrhunderts über mehrere Generationen eine beträchtliche maritime Arbeitsmigration zwischen Nordfriesland und den niederländischen Seehäfen, angetrieben von Push- und Pull-Faktoren. Zu den Push-Faktoren zählten die schwierigen wirtschaftlichen Bedingungen in Nordfriesland, fehlende oder unzureichende Erwerbsmöglichkeiten vor allem nach der Sturmflutkatastrophe 1634, die erhebliche Teile der nordfriesischen Marsch zerstört, große materielle Verluste hervorgerufen und mehrere Tausend Menschenleben gefordert hatte. Zu den Pull-Faktoren gehörten die guten Verdienstmöglichkeiten infolge eines Mangels an qualifizierten Seeleuten in den Niederlanden, der den in der Heringsfischerei erprobten Nordfriesen neue Möglichkeiten im Walfang eröffnete. So fuhr gegen Ende des 17. Jahrhunderts beispielsweise schon über die Hälfte der männlichen Bevölkerung der Insel Föhr zum Walfang nach Holland. Zwei von drei Föhrer Familien bezogen daraus zu einem großen Teil ihren Lebensunterhalt. Auf Föhr war auch früh die Notwendigkeit der nautischen Wissensvermittlung erkannt worden, um in der Seefahrt erfolgreich zu sein. Bereits in der Mitte des 17. Jahrhunderts entstand hier eine erste – private – Navigationsschule, auf der ältere Schiffsführer ihr Wissen weitergaben. Der Erfolg blieb nicht aus: Einige Jahrzehnte später war die Zahl der an der holländischen Grönlandfahrt beteiligten Föhrer Kommandeure signifikant hoch. In einigen Jahren stellten sie über ein Drittel, ja sogar die Hälfte aller Schiffsführer. Nordfriesen traten in dem Maße, wie gegen Ende des 18. Jahrhunderts die Bedeutung der Niederlande als wichtigster maritimer Arbeitsmarkt zurückging, in anderen Seefahrtszentren hervor, namentlich in Hamburg, Altona und Kopenhagen – und auch hier wieder vornehmlich im Walfang.

Sichtbarer Ausdruck des adligen Wohlstandes waren die vielen neuen, im Renaissancestil errichteten Herrenhäuser. Dem kam zugute, dass die Herzogtümer im 16. Jahrhundert weitgehend von Kriegszerstörungen verschont blieben. Dieses Jahrhundert wird allenthalben auch als das Rantzausche bezeichnet, weil sich in dieser weitverzweigten holsteinischen Adelsfamilie sowohl die politische Macht der Ritterschaft als auch die wirtschaftliche Stärke und die kulturellen Leistungen des frühneuzeitlichen Adels bündelten wie in keiner anderen. Zwei Familienmitglieder ragten besonders heraus: Johann Rantzau (1492–1565) und sein Sohn Heinrich (1525–1598). Sie dienten mehreren Königen und Herzögen als Feldherr, Ratgeber, Diplomat und Statthalter. Gleichzeitig traten sie ihren Landesherren gegenüber als selbstbewusste Anwälte der schleswig-holsteinischen Ritterschaft auf, und es war ihrem Einfluss und ihrem politischen Geschick zuzuschreiben, dass die Ritterschaft ihre Privilegien und ihre politische Mitsprache in einer Zeit des Umbruchs weitgehend bewahren konnte. Während Johann Rantzau sich in erster Linie als robuster Heerführer hervortat und durch die vielen siegreichen Feldzüge Reichtümer anhäufte, wurde sein Sohn darüber hinaus als findiger Geschäftsmann und über die Landesgrenzen hinaus geachteter Gelehrter bekannt. Nicht weniger als 21 Güter nannte er sein Eigen, er war europaweit in einträgliche Handels- und Finanzgeschäfte eingespannt und tat sich als Gründer von Manufakturen hervor. Als Humanist sammelte er Bücher und Kunstwerke, und als Bauherr wurden seine im Renaissancestil errichteten Schlösser für die Herzogtümer stilbildend. Heinrich Rantzau verfasste auch einige historische Abhandlungen, wie beispielsweise die erste geographisch-historische Landesbeschreibung, und war Mäzen künstlerischer Leistungen wie Braun/Hogenbergs «Civitates Orbis Terrarum», einer der bedeutendsten Städtebeschreibungen der frühen Neuzeit.

Andere reich begüterte Adelsfamilien wollten dem nicht nachstehen, und so zeichnet sich das 16. Jahrhundert sowohl durch eine rege adlige Bautätigkeit als auch künstlerisches Mäzenatentum aus. Hinsichtlich der Bautätigkeit kam das Repräsentationsbedürfnis des Herzoghauses hinzu, das vor allem im großformatigen Umbau des Gottorfer Schlosses zu einer barocken Residenz sichtbar wurde, die in der Zeit Herzog Friedrichs III. zu einem in ganz Europa beachteten kulturellen Zentrum wurde. Dazu trug vor allem das Wirken des Hofgelehrten Adam Olearius bei, der, von Haus aus Mathematiker, Geograph und Bibliothekar, in der Mitte des 17. Jahrhunderts in Gottorf im Auftrag Friedrichs eine unvergleichliche Bibliothek mit Kunstkammer und Naturalienkabinett anlegte und zusammen mit dem Mechaniker Andreas Bösch den durch Wasserkraft angetriebenen berühmten Gottorfer Riesenglobus erbaute. Neben Olearius wirkte zu dieser Zeit eine Reihe kaum minder bedeutender Gelehrter in Gottorf. Wenn schon nicht auf der großen politischen Bühne, so konnte der Gottorfer Hof zumindest auf dem Gebiet der Kunst und der Wissenschaft seine Ebenbürtigkeit mit Kopenhagen demonstrieren. Das spiegelt sich auch in der Gründung einer eigenen Universität in Kiel im Jahre 1665.

Der in der langen Friedenszeit in der zweiten Hälfte des 16. Jahrhunderts erlangte Wohlstand der Herzogtümer schlug sich auch in der Blüte des Kunstgewerbes in den reichen Bürgerhäusern Flensburgs, Husums und Kiels und nicht zuletzt den Schlössern des Adels nieder.

Die Krisen und Kriege der zweiten Hälfte des 17. Jahrhunderts machten die materiellen und kulturellen Errungenschaften schon bald wieder zu einem erheblichen Teil zunichte. Vor allem die dänisch-schwedischen Kriege führten solche Verwüstungen und Menschenverluste herbei, dass das Wirtschaftsleben für lange Zeit daniederlag. Die jahrelange Anwesenheit fremder Truppen saugte Stadt und Land aus. Bereits die Armee des schwedischen Feldherrn Wrangel führte 1644 ihren Auftrag, «das Land zu ruinieren», gründlich aus. In manchen Landesteilen lag am Ende des Krieges ein Drittel der Bauernstellen wüst – ein Zustand, den die folgenden Kriege bis in das erste Jahrzehnt des 18. Jahrhunderts hinein noch erheblich verschlimmern sollten. Ritterschaft und Landesherren reagierten auf diesen Rückgang bäuerlicher Produzenten unterschiedlich: Die Landesherren schritten in ihren Ämtern nach und nach zur Ablösung bestimmter Frondienste und zur Verpachtung ihrer Vorwerke und Meierhöfe gegen einen festen Zins, wodurch sie mit einer geregelten Einnahme rechnen konnten, das wirtschaftliche Risiko aber auf den Pächter übertrugen. Die adligen Gutsherren wählten den entgegengesetzten Weg. Sie vergrößerten ihre Gutsbetriebe und verschärften die Frondienste der verbliebenen Gutsuntertänigen.

Die sich verschlechternde Agrarkonjunktur in der zweiten Hälfte des 17. Jahrhunderts, Missernten aufgrund ungünstiger Witterungsverhältnisse (sog. kleine Eiszeit) und nicht zuletzt die Konkurrenz billigen osteuropäischen Getreides auf den Märkten Westeuropas führten zur verstärkten Umstellung von Getreide- auf Milchwirtschaft, was den Übergang zur geregelten Feldgraswirtschaft begünstigte, die im frühen 18. Jahrhundert als Holsteinische Koppelwirtschaft bekannt wurde. Nicht wenige insbesondere der kleineren Gutsbetriebe gingen in dieser Zeit der Agrardepression in Konkurs, was zu Reichtum gelangten Handelsbürgern die Möglichkeit bot, Güter zu erwerben und teils auch durch Standeserhöhung in den Adelsstand zu treten. Mancher Angehörige des Adels wiederum konnte seinen Sozialstatus nur dadurch wahren, dass er in den Dienst des Landesherrn trat, was auch zum Niedergang der politischen Teilhabe der Ritterschaft beitrug.

2. Handel und Gewerbe

Die Steigerung der Ertragskraft auf den Adelsgütern, wo vor allem in den holsteinischen Gutsbezirken der arbeitsintensive Getreideanbau zunächst noch eine große Rolle spielte, und der überseeische Handel mit Agrarprodukten ließen einen bedeutenden Geldmarkt entstehen. Im 17. Jahrhundert schalteten sich vermehrt niederländische Kaufleute in den schleswig-holsteinischen Warenaustausch ein, wo sie sich als Aufkäufer landwirtschaftlicher Produkte und dank ihrer Kapitalkraft und internationalen Handelsbeziehungen als Kreditoren fest etablieren konnten. Hinzu kamen niederländische Glaubens- und Bürgerkriegsflüchtlinge, die vor allem durch Innovationen in der Landwirtschaft und im Bau- und Verkehrswesen eine nicht zu überschätzende Bedeutung erlangten. Die Niederlande wurden in dieser Zeit für die Herzogtümer zum wichtigsten Absatzmarkt. Das galt in besonderem Maße für die Gottorfer Anteile. In dieser Zeit wuchs auch die Bedeutung Kiels als regionaler Hafen und Kapitalmarkt, denn die Stadt lag günstig in den östlichen Gutsbezirken. Der alljährlich im Januar stattfindende einwöchige Kieler Umschlag entwickelte sich im Zeichen der günstigen Agrarkonjunktur zu einem der bedeutendsten Geldumtausch- und Kapitalmärkte in Nordeuropa, mit dem bis zum Dreißigjährigen Krieg weder Hamburg noch Lübeck konkurrieren konnten. Er galt wegen seiner vom Gottorfer Herzog garantierten Sicherheiten als besonders solide. Neben Geldgeschäften spielten alle anderen Arten von Unternehmungen eine Rolle bis hin zum adligen Heiratsmarkt. Der Kieler Umschlag war gerade auch für den Stadtherren, den Gottorfer Herzog, von großer Bedeutung, da er ständig in Geldnot und deshalb von Krediten abhängig war, die er in der Regel gegen Verpfändung von Ämtern erhielt. Kreditgeber war in erheblichem Umfang der begüterte Adel, der auf diese Weise, ohne sich dessen bewusst zu sein, die gegen seine politische Stellung gerichtete Umwandlung des Herzogtums in einen frühmodernen Verwaltungsstaat finanzierte. Da es immer nur einzelne Adlige waren, die landesherrliche Schulden übernahmen, hat sich keine kollektive, gesamtständische Schuldenübernahme und -verwaltung entwickelt. Deshalb sah die Ritterschaft auch keine Veranlassung, einen eigenen, ständischen Finanzverwaltungsapparat aufzubauen, womit sie bei der politischen Modernisierung mit dem Landesherrn hätte Schritt halten können. Manche adligen Gutsbesitzer investierten ihre Gewinne in den Bau «fester Häuser» in Kiel und auch in anderen Landstädten – zum einen aus Repräsentationszwecken, zum anderen, um Zugriff auf den städtischen Handel zu bekommen.

Die nach Lübeck und Hamburg, aber noch vor Kiel bedeutendste Handelsstadt war das im königlichen Anteil Schleswig-Holsteins gelegene Flensburg. Bereits Christian I. hatte den Fernhandel der Stadt durch Privilegien für holländische und westfälische Kaufleute gefördert, so dass sich Flensburg erfolgreich in den west-östlichen Warenaustausch einschalten konnte. Die nachfolgenden Stadtherren setzten diese Politik fort. Flensburger Kaufleute vermittelten – über den Transithafen Husum – profitabel Fertig- und Luxuswaren der westeuropäischen Produktionszonen nach Nordosteuropa und Rohstoffe von dort nach Westen. Um 1600 besaß Flensburg die größte Handelsflotte in den Herzogtümern.

Die anhaltende Nachfrage nach Agrarprodukten und nach gewerblichen Erzeugnissen zog eine permanente Preissteigerung nach sich. Da die Löhne der Handwerker und Tagelöhner nicht in gleichem Maße stiegen, bedeutete dies für viele, insbesondere untere städtische Bevölkerungsschichten eine stetig sinkende Kaufkraft und schleichende Verarmung. Das hatte wiederum zur Folge, dass der Absatz stadtgewerblicher Produkte zurückging. Die Städte trachteten angesichts dessen danach, durch Errichtung von Bannmeilen fremdstädtische handwerkliche Konkurrenz in ihrem Umland auszuschalten. Lediglich zu den Jahrmarktszeiten war diese zugelassen. Auch das zunehmende Landhandwerk in stadtfernen Regionen wurde zu einem Problem. Das Bestreben der Städte und ihrer starr in Zünften organisierten Handwerke nach Exklusivität kollidierte allgelegentlich mit frühmodernen ordnungspolitischen Bestrebungen der Landesherren, das Handwerk ganz frei zu geben, um sowohl die städtische Wirtschaft anzukurbeln als auch Bedürfnisse des flachen Landes zufriedenzustellen. Als Ergebnis entwickelte sich aus dieser Konfliktkonstellation im frühen 18. Jahrhundert ein Konzessionssystem, bei dem je nach Bedarf von den Landesherren Ausnahmeregelungen vom Zunftzwang erlassen wurden. Diese Regelung, noch 1805 in Gesetzesform gegossen, wurde bis zur Aufhebung des Zunftzwanges angewandt.

Mit der Herrschaftsverdichtung der Landesherren eng verbunden war deren Interesse an einem Ausbau von Verkehr und Handel. Als hinderlich erwiesen sich die zahlreichen Zollstellen in dem zwischen den beiden Landesherren aufgeteilten territorialen Flickenteppich. Es bedurfte zwischen König und Herzog ständiger Verhandlungen über Transitrechte und Zolltarife, Brückengelder und Stapelzwänge, denn jeder wollte beim Warenaustausch abschöpfen. Von der zunehmenden wirtschaftlichen Verknüpfung von Ost- und Nordseeraum versuchten beide Landesherren gleichermaßen durch Förderung des Landesausbaus in ihrem jeweiligen Herrschaftsbereich zu profitieren. Sie erkannten dabei die merkantile Bedeutung der in dieser Hinsicht bisher strukturschwachen Westküste. Der Gottorfer Herzog hatte bereits 1590 mit den Stadtrechtsverleihungen an die eiderstädtischen Orte Tönning und Garding den Exporthandel der Region angeregt. Dem folgte die Stadterhebung Husums 1603, wo sich bereits niederländische Kaufleute angesiedelt hatten. Buchstäblich einschneidende landesherrliche Strukturmaßnahmen in dieser Region waren die fast zeitgleichen völligen Neuanlagen zweier Städte, nämlich Glückstadt und Friedrichstadt.

1621 gründete Herzog Friedrich III. am Zusammenfluss von Treene und Eider eine gottorfische Stadt, in der zunächst landflüchtige niederländische Remonstranten angesiedelt wurden, die aber schon nach kurzer Zeit durch Niederlassung von Lutheranern und Mennoniten, ab Mitte des 17. Jahrhunderts auch Juden, einen multikonfessionellen Charakter erhielt. Durch die spezifische Architektur und die die Stadt durchziehenden Kanäle erhielt Friedrichstadt ein durch und durch holländisches Gepräge. Die in sie gesetzten großen Erwartungen konnte die Handelsstadt allerdings nicht erfüllen, was nicht zuletzt mit den

Kriegen zwischen Dänemark und Schweden zusammenhing, in denen dieser Landstrich in besonderem Maße von Kriegshandlungen getroffen wurde.

Auch der Stadtgründung Christians IV. auf seinem holsteinischen Territorium an der Unterelbe auf halbem Wege zwischen Hamburg und Nordsee war trotz der Namensgebung nicht das erhoffte wirtschaftliche Glück hold. Ab 1617 ließ der dänische König Glückstadt als Hafen- und Festungsstadt erbauen, und auch hier wurden niederländische Glaubensflüchtlinge angesiedelt und Baumeister engagiert. Christian setzte große Erwartungen in dieses Stadtbauprojekt, das als Konkurrenz zu Hamburg gedacht war und den dänischen Einfluss an der südlichen Nordseeküste bis zum Stammsitz der Oldenburger sichern sollte. Doch trotz Religionsfreiheit, Verleihung von zahlreichen Privilegien und Gründung königlich geförderter Handelskompanien erfüllten sich auch hier die überzogenen Erwartungen nicht, obwohl sich insbesondere der Fernhandel mit der Iberischen Halbinsel gut anließ. Hieran hatten in Glückstadt angesiedelte sephardische Juden keinen geringen Anteil. Königliche Zwangsmaßnahmen wie die Erhebung eines Elbzolls brachten zwar Geld für den weiteren Stadtausbau ein, konnten aber nicht den Hamburger Handel schmälern.

Obwohl der Welthandel an den beiden Hafenstädten vorbeilief, erhielten sie doch für ihre Nahregion als merkantile und kulturelle Bezugspunkte eine gewisse Bedeutung. Von den beiden Städten gingen auch weitere infrastrukturelle Maßnahmen aus, die auf Verbesserung der Wasserverkehrswege und des Küstenschutzes durch Deichbau abzielten. Dieses wiederum hatte positive Auswirkungen auf die Vieh- und Milchwirtschaft in den Marschen, von wo aus sich der aufblühende Wirtschaftszweig der Holländereien, das heißt die spezialisierte Milch- und Käseproduktion, in andere Teile der Herzogtümer ausbreitete. Auch die Anlage von Manufakturen in den beiden Städten trug zu einer wirtschaftlichen Belebung bei. Glückstadt erlangte zudem als Festungsstadt und südwestlicher militärischer Vorposten der dänischen Monarchie Bedeutung und wurde gegen Ende der Regierungszeit Christians IV. noch zur königlichen Residenz ausgebaut. Auch eine königliche Kanzlei als Justiz- und Verwaltungsbehörde wurde eingerichtet. Mit der stärkeren Beteiligung Dänemarks am Walfang erlebte Glückstadt im 18. Jahrhundert als Stützpunkt von Walfangschiffen eine gewisse Blüte.

VII. Schleswig und Holstein im dänischen Gesamtstaat

1. Aufgeklärter Absolutismus und Reformen

Nach dem Ende des Großen Nordischen Krieges erlebte Schleswig-Holstein eine achtzigjährige Friedensperiode, während der es als Teil des dänischen Gesamtstaates einen wirtschaftlichen und kulturellen Aufschwung wie nie zuvor erlebte. Ermöglicht wurde dies durch eine Neuausrichtung der dänischen Außenpolitik, die den Ausgleich mit Schweden suchte und sich im übrigen aus den Konflikten der europäischen Mächte heraushielt, ja als neutraler Staat sogar von deren Kriegen profitierte – bis 1801, als mit dem Überfall der Royal Navy auf die dänische Flotte auf der Reede von Kopenhagen dieser Ruhe ein jähes Ende bereitet wurde.

Bis in das letzte Jahrhundertdrittel hinein schwelte allerdings die ‹Gottorfer Frage› als ein für Kopenhagen bedrohlicher politischer Faktor, obwohl das ‹Großfürstentum Kiel›, wie der Zwergstaat ab 1742 auch bezeichnet wurde, als solches im Machtgefüge keine Rolle mehr spielte und Dänemark zudem durch bilaterale Abmachungen und Bündnissondierungen sowie Sondergesandtschaften seinen neu errungenen Besitzstand von den Mächten wiederholt garantieren ließ. Doch in der Mitte des Jahrhunderts drohte der alte Gegensatz wieder offen auszubrechen. Herzog Karl Friedrich hatte 1725 Anna Petrowna, eine Tochter Peters des Großen, geheiratet. Ihr Sohn Karl Peter Ulrich wurde 1762 als Peter III. russischer Zar und begann unverzüglich damit, Kriegsvorbereitungen gegen Dänemark zu treffen, die die Restitution des ehemaligen Gottorfer Staates zum Ziel hatten. Die Ermordung des Zaren in Folge einer Petersburger Palastintrige rettete Dänemark, denn Peters nunmehr als Katharina II. auf den Thron gelangte Witwe suchte den Ausgleich mit Kopenhagen, weil das auf anderen Schauplätzen im Süden des Zarenreiches engagierte Russland nicht durch einen Konflikt mit Dänemark belastet werden sollte. Das Ergebnis war nach mehrjährigen Verhandlungen der 1773 in Kraft getretene Tauschvertrag von Zarskoje Zelo zwischen dem dänischen König und dem russischen Großfürsten und Thronfolger Paul, dem Erben Gottorfs: Paul verzichtete zugunsten des Königs von Dänemark sowohl auf seine schleswigschen als auch auf seine holsteinischen sowie auf die gemeinsam regierten Anteile. Dafür erwarb die jüngere, im Fürstbistum Lübeck regierende gottorfische Linie von Dänemark die Herrschaftsrechte in den Grafschaften Oldenburg und Delmenhorst, die seit 1667 mit Dänemark in Personalunion verbunden waren.

Die königlichen, die ehemals gemeinschaftlich regierten und die herzoglichen Teile Schleswigs und Holsteins waren nun im dänischen Gesamtstaat vereint und damit die Zeit der Landesteilungen und inneren Gegensätze vorüber. In den Jahren zuvor waren bereits durch Vertrag oder Erbfall die meisten anderen der einst abgeteilten Gebiete an die Krone zurückgefallen, so dass 1773 der vormals territoriale Flickenteppich nördlich der Elbe einem nahezu geschlossenen dänischen Herrschaftsgebiet gewichen war.

Im Laufe einer Generation verwandelte sich die Monarchie Mitte des 18. Jahrhunderts in einen modernen, zentralistisch geordneten Verwaltungsstaat, in dessen Behörden- und Kollegiensystem auch die Herzogtümer trotz ihrer weiter bestehenden staatsrechtlichen Sonderstellung integriert und von der Deutschen Kanzlei in Kopenhagen administriert wurden. Der König wurde durch einen auf Schloss Gottorf residierenden Statthalter nominell vertreten. In Gottorf lag auch der Verwaltungsmittelpunkt für das Herzogtum Schleswig, während für das Herzogtum Holstein die Glückstädter Kanzlei, 1773 in ‹Holsteinische Landesregierung› umbenannt, zuständig war. Die regionalen und lokalen Verwaltungsinstanzen blieben unverändert bestehen. Als Vermittlungsinstanz zwischen Landesherrn und Ritterschaft wurde 1774 die sogenannte Fortwährende Deputation eingerichtet.

Für die innere Entwicklung war bedeutsam, dass sich in der Führungselite ab dem zweiten Viertel des 18. Jahrhunderts die Ideen der Aufklärung festsetzten und somit gesellschaftsreformerische Kräfte politisch wirksam werden konnten. Dafür und für die dänische Politik insgesamt steht in erster Linie der Name des Grafen Johann Hartwig Ernst Bernstorff, der seit 1751 rund 20 Jahre lang Staatskanzler und Vorsteher der Deutschen Kanzlei und zugleich auch Außen- und Handelsminister war. Seine durch aufklärerisch-pietistisches Gedankengut inspirierte Politik machte den Weg frei für gesellschaftliche und wirtschaftliche Reformen. Bedeutsam war auch, dass sich bei der Besetzung der höheren Ämter das Prinzip der Bildung und Fähigkeit durchsetzte und dadurch immer mehr Bürgerlichen der Zugang ermöglicht wurde.

Den ersten reformpolitischen Höhepunkt erlebte der Gesamtstaat Anfang der 1770er Jahre, wobei der Leibarzt des geistesschwachen Christian VII., Johann Friedrich Struensee, die zentrale Rolle spielte. Der ganz und gar von den Ideen der Aufklärung durchdrungene junge Arzt aus Altona nutzte seine besondere Stellung am Hofe, insbesondere sein intimes Verhältnis zur Königin, um innerhalb kürzester Zeit bis zum Grafen und Geheimen Kabinettsminister mit diktatorischer Macht zu avancieren. Struensee erließ mit königlicher Generalvollmacht eine Sturzflut von Gesetzen und Verordnungen, die eine durchgreifende Modernisierung der Staatsverwaltung und Liberalisierung der Wirtschaft herbeiführen sollten. Zu den bemerkenswerten Reformen gehörte 1770 die Einführung der Pressefreiheit, die wiederum maßgeblich die Reformbewegung beförderte. Besonders wichtig war für Struensee der Bauernstand, dessen Lage er durch Lockerungen der Frondienste zu verbessern suchte. Die Beseitigung der merkantilistischen Schutzzollpolitik führte indes zum Zusammenbruch von Manufakturen, die bis dahin durch die Abschnürung der ausländischen Konkurrenz auf Kosten des Staates künstlich am Leben erhalten worden waren. Durch seinen Reformeifer und sein überhebliches Agieren schuf Struensee sich beim Adel mächtige Feinde, die Anfang 1772 seinen jähen Sturz herbeiführten und ihn nach einem Schauprozess im April desselben Jahres in Kopenhagen wegen Hochverrats öffentlich hinrichten ließen.

Das zentrale innenpolitische Problem war in den Herzogtümern die Agrarfrage. Die landwirtschaftlichen Produktionsverhältnisse waren um 1750 in jeder Hinsicht rückständig, damit auch die Produktivkräfte. Dieser Zustand wurde in der sich ausweitenden Reformpublizistik ausführlich diskutiert. Schon nach der Jahrhundertmitte hatte man hier und da mit Flurbereinigungs- und Bauernbefreiungsmaßnahmen begonnen, die aber einen eher experimentellen Charakter besaßen. 1766/67 war auf dem Wege von Dekreten die großräumige Verkoppelung eingeleitet worden, die sich über Jahrzehnte hinzog. Dabei wurde das Bauernland in Parzellen aufgeteilt und diese an die einzelnen Hufner (Hofstättenbesitzer) verteilt, wobei die Feldgemeinschaft und der Flurzwang aufgehoben wurden. Die Parzellen mussten durch Gräben oder Hecken (Knicks) eingehegt werden, wodurch sich das gesamte Landschaftsbild grundlegend wandelte. Die alten dörflichen Siedlungsstrukturen blieben aber, anders als in Dänemark, überwiegend erhalten. Auch die königlichen Domänen wurden parzelliert und verkauft. Allein dadurch wurden rund 100 000 Hektar Land aufgesiedelt. Kätner und Insten hatten von all diesen Reformen kaum einen Nutzen, da sie den Hufnern weiterhin als Arbeitskräfte zur Verfügung stehen sollten. Neben diesen Maßnahmen wurde die Einführung physiokratischer Methoden und neuer Fruchtsorten wie der Kartoffel für alle Landesteile vorangebracht. Die Besiedelung der Geest durch Kolonisten aus Süddeutschland schlug jedoch weitgehend fehl.

Die makroökonomischen Umstände waren für eine weitere Produktionssteigerung nach der Jahrhundertmitte ausgesprochen günstig. In Westeuropa waren in Folge eines stetigen Bevölkerungswachstums die Preise für landwirtschaftliche Produkte erheblich gestiegen. Der Siebenjährige Krieg trug ein Übriges dazu bei. Kapitalinvestitionen in die Landwirtschaft schienen nun lohnend wie kaum zuvor. Auch in den Herzogtümern war der Bevölkerungsanstieg im letzten Drittel des 18. Jahrhunderts signifikant: Innerhalb einer Generation wuchs die Zahl um ein Fünftel. 1803 wurden 631 000 Einwohner gezählt. Wenngleich noch über 80 Prozent der Menschen auf dem Lande lebten, waren auch die Städte gewachsen: Die mit Abstand größte war Altona mit 23 000 Einwohnern, danach folgten Flensburg (13 000), Schleswig und Rendsburg (jeweils 7500).

Um angesichts dieser günstigen Marktlage eine Steigerung der landwirtschaftlichen Erträge herbeizuführen, war in erster Linie eine umfassende Reform der Rechtsverhältnisse in den adligen Gutsbezirken vonnöten. Einige wenige Gutsbesitzer hatten das bereits erkannt, die allermeisten beharrten jedoch auf ihren postfeudalen Privilegien. Insgesamt waren in den Herzogtümern rund 150 Güter und rund die Hälfte des Ackerlandes betroffen, auf denen noch mit Leibeigenen gewirtschaftet wurde.

In Dänemark wurde das sogenannte Schollenband, die dortige Form der Leibeigenschaft, von Prinzregent Friedrich 1788 aufgehoben. Dieser hatte 1784 staatsstreichartig die faktische Macht von seinem Vater Christian VII. übernommen. Aber erst nach dessen Tod 1808 regierte er als Friedrich VI. Mit seiner Regentschaft begann im Geiste des aufgeklärten Absolutismus eine neue sozial- und wirtschaftspolitische Ära. Zu seinen einflussreichen Ratgebern zählte Andreas Peter Bernstorff, der wie schon sein Onkel höchste politische Ämter bekleidete und stärker noch als dieser der Aufklärung anhing. Mit Rücksicht auf die schleswig-holsteinische Ritterschaft wagte die Regierung es indes nicht, in den Herzogtümern bei der Bauernbefreiung so rigoros vorzugehen wie im dänischen Kernreich. Erst Ende der 1790er Jahre gab eine ritterschaftliche Kommission ihren zähen Widerstand gegen die Reform auf und stimmte einem Kompromiss zu, der per Gesetz zum 1. Januar 1805 in Kraft trat. Dadurch wurden Leibeigenschaft und Frondienstpflicht aufgehoben und etwa 100 000 gutsuntertänige Leibeigene, rund ein Sechstel der Bevölkerung in den Herzogtümern, erlangten ihre persönliche Freiheit. Doch blieben Grund und Boden Eigentum des Gutsherrn, dieser konnte die Hofstellen verkaufen oder in

Erb- oder Zeitpacht vergeben; Letzteres war die Regel. Um den Gütern die nötigen Arbeitskräfte zu erhalten, blieben gewisse, allerdings vertraglich geregelte Dienstpflichten erhalten. Auch die Patrimonialgerichtsbarkeit wurde in den Gutsbezirken nicht abgeschafft, allerdings musste sie von nun an von ausgebildeten Juristen ausgeübt werden. Die Lage der Kätner, Insten und Tagelöhner wurde durch die Reformen nicht verbessert. Sie waren die eigentlichen Verlierer der Agrarreformen. Die sozialen Unterschiede auf dem Land prägten sich in der Folgezeit schärfer aus als zuvor. Es entstand ein Agrarproletariat und durch die Zunahme dieser Bevölkerungsschicht im Laufe des 19. Jahrhunderts eine schwerwiegende soziale Frage. Zu den Gesetzeswerken, die die Lage der Landwirtschaft verbessern sollten, ist auch die 1803 verabschiedete Allgemeine Deichordnung zu zählen, mit der der Küstenschutz und die Landgewinnung an der Westküste umfassend und nach neusten Erkenntnissen geregelt wurden.

Neben der Landwirtschaft erlebten in der zweiten Hälfte des 18. Jahrhunderts Seefahrt und Seehandel dank der ständigen kriegerischen Verwicklungen der großen europäischen Seefahrtsnationen einen besonderen Aufschwung. Flensburg entwickelte sich zum bedeutendsten Seehafen zwischen Kopenhagen und Lübeck mit einer Handelsflotte von mehreren Hundert Schiffen. Unter dem neutralen Danebrog segelnde Flensburger Schiffe erhielten auf dem europäischen Frachtmarkt profitable Frachtraten. Aber auch die Westindienfahrt war bedeutsam und ließ Flensburg zu einem Zentrum des Zucker- und Rumhandels werden.

Vor den Toren Hamburgs machte das expandierende holsteinische Altona der alten Hansestadt zunehmend Konkurrenz. Altona war bereits nach 1640 von Christian IV. zielstrebig zur Hafenstadt ausgebaut worden. Doch erst nachdem Dänemark 1768 die Hamburger Reichsfreiheit anerkannt hatte und es dadurch nach jahrhundertelanger Rivalität und wiederholten militärischen Konflikten zu einem Miteinander kam, blühte der Altonaer Hafen auf. Viele Hamburger Reeder flaggten ihre Schiffe hierher aus, um an der von einer starken Kriegsflotte geschützten dänischen Neutralität teilzuhaben. Die Hamburger Flagge vermochte diesen Schutz vor Kaperfahrern nicht mehr zu gewährleisten. Die Altonaer Schiffahrt, in der ersten Jahrhunderthälfte noch ganz unbedeutend, nahm dadurch einen rasanten Aufschwung. Auch Lübeck erlebte als Drehscheibe des Handels mit den aufstrebenden Hafenstädten am anderen Ende der Ostsee in der zweiten Jahrhunderthälfte eine neue Blüte.

Der guten Konjunktur des Seehandels entsprang auch das größte frühneuzeitliche Bauprojekt, der Schleswig-Holsteinische oder (seit 1853) Eiderkanal. Bereits in den 1630er Jahren hatten Herzog Friedrich III. und einige einflussreiche Ratgeber an seinem Hof den phantastischen Plan entwickelt, den Handel von Luxuswaren aus Persien nach Westeuropa durch das Herzogtum zu lenken. Dieser Handel war aufgrund der türkischen Expansion auf den klassischen Handelswegen im Mittelmeerraum zunehmender Gefährdung ausgesetzt. Stattdessen sollten die Waren über Russland und die Ostsee nach Kiel und von dort über eine kurze Landbrücke zur Eider und flussabwärts nach Friedrichstadt geleitet werden. Man versprach sich am Gottorfer Hof von diesem Handel größte Profite und investierte erhebliche Mittel in den Bau von Stapelhäusern in Kiel (sog. Persianische Häuser) und in eine mehrjährige Gesandtschaft mit dem Gottorfer Gelehrten Adam Olearius nach Russland und Persien, die die nötigen Handelsverträge zu Stande bringen sollte. Am Ende musste man aber feststellen, dass der große orientalische Handel ein Traumbild blieb und sich der Warenaustausch seine Wege nach anderen Mechanismen suchte als nach fürstlichen Wünschen. Trotz dieses Fehlschlages blieb die Idee einer ostwestlichen Verkehrsader durch das Herzogtum über ein Jahrhundert virulent, bis Mitte des 18. Jahrhunderts wieder Überlegungen zum Bau eines Kanals angestellt wurden. Doch konnten die dafür nötigen Mittel erst nach der Errichtung des dänischen Gesamtstaates aufgebracht werden, der den Bau des seinerzeit größten europäischen Kanals zwischen 1777 und 1784 realisierte. Weil jetzt auch nur noch ein Landesherr da war, standen keine politischen Verwicklungen mehr im Weg. Der von zeitweise über 6000 Arbeitern und Soldaten ausgehobene eigentliche Kanal verlief mit mehreren Schleusen über 34 km von der

Kieler Förde bis zur Eider bei Rendsburg. Von da ab folgte er dem Lauf der hier und da regulierten Eider bis zu deren Mündung in die Nordsee bei Tönning. Das Projekt verschlang die gigantische Summe von 7,5 Mio. Reichstalern, und schon nach einem Betriebsjahr zeigte sich, dass der Kanal für Schiffe aller seefahrenden Nationen freigegeben werden musste, um die Investitionen zu amortisieren. Ursprünglich war seine Nutzung nur für Fahrzeuge der dänischen Monarchie vorgesehen gewesen. Er wurde nun der meistbefahrene Kanal Europas, den Schiffe bis zu einer Größe von rund 300 Tonnen Ladegewicht passieren konnten. Er war ein Transitkanal, und deshalb hat die Region nur in bescheidenem Maße profitiert. Der heutige Nordostseekanal ist, mit einem von Rendsburg bis zur Unterelbe anderen Verlauf, sein Nachfolger.

In der zweiten Jahrhunderthälfte wurde das öffentliche Leben von der Aufklärungsgesellschaft geprägt, als deren geistige Mittelpunkte sich Altona und Kiel herausbildeten. Die nach längerem Siechtum neubelebte Kieler Universität avancierte zu einer der fortschrittlichsten Hochschulen in Deutschland. Seit 1768 musste, wer in den höheren Staatsdienst eintreten wollte, zwei Jahre in Kiel studiert haben. Altona war eines der wichtigsten Nachrichten- und Pressezentren des Gesamtstaates, das das wachsende Interesse der Öffentlichkeit an politischen, sozialen und ökonomischen Fragen im Sinne der Aufklärung bediente. Zeitungsgründungen in allen Städten der Herzogtümer sorgten für eine bunte Presselandschaft, die kaum ihresgleichen in Deutschland hatte. Begünstigt wurde dies durch den Umstand, dass durch die Modernisierung des elementaren Schulwesens die allgemeine Lesefähigkeit verbessert wurde. Durch die Gründung von Lehrerseminaren in Kiel und Tondern in den 1780er Jahren schritt Schleswig-Holstein im deutschen Vergleich an der Spitze. Seit 1814 gab es eine ‹Allgemeine Schulordnung› mit Schulpflicht der Kinder sowie reglementierter Ausbildung und Entlohnung der Lehrer.

Das geistige Leben in den Herzogtümern stand in enger Wechselwirkung mit Hamburg und Lübeck, von wo wesentliche aufklärerische Impulse nach Norden ausgingen. Verbreitet wurden sie nicht zuletzt durch patriotisch-gemeinnützige Sozietäten und Lesegesellschaften, die sich allerorten bildeten. Durch diese wurden zudem private sozialpolitische und fürsorgerische Maßnahmen der bürgerlichen Führungsschichten im Jahrzehnt der Französischen Revolution auf den Weg gebracht. Sie bildeten auch die Grundlagen für das sich im 19. Jahrhundert entwickelnde Vereinswesen.

Gegen Jahrhundertende gab es allerdings auch starke gegenaufklärerische, antirationalistische Kräfte, deren Kristallisationskern der Emkendorfer Kreis war. Unter der Patronage des Grafen Friedrich Reventlow, Wortführer der schleswig-holsteinischen Ritterschaft, und seiner dichtenden Ehefrau Julia bildete sich hier im frühklassizistischen Herrenhaus in der Nähe Kiels ein literarisch-musischer Zirkel, der der romantisch-pietistischen Schwärmerei anhing und in dezidierter Gegnerschaft zur Französischen Revolution stand. Anfangs gehörte Klopstock, später auch Matthias Claudius zu den regelmäßigen Gästen. Durch weite Vernetzung im Adel und hohen Beamtentum erlangte der Kreis politischen Einfluss, was einige missliebige fortschrittliche Gelehrte der Kieler Universität das Amt kostete.

2. Innere Auflösung und Kriege

Mit den französischen Revolutionskriegen änderten sich ab 1793 zusehends die außenpolitischen Rahmenbedingungen, die Dänemark fast ein Jahrhundert lang Frieden und wirtschaftlichen Aufschwung gebracht hatten. Zwar erklärte Dänemark, wie in den vorangegangenen Kriegen der europäischen Mächte auch, seine Neutralität, doch wurde es spätestens ab 1798 immer schwieriger, sich aus den Konflikten herauszuhalten. Im Vertrauen auf seine starke Kriegsflotte stellte Dänemark zwei Jahre später seine vor allem von englischen Kaperfahrern bedrohte Handelsflotte unter deren Schutz und schloss sich dem bewaffneten Neutralitätsbund Schwedens, Preußens und Russlands an. Die Antwort der Briten ließ nicht lange auf sich warten: Ende März 1801 tauchte die Royal Navy unter Admiral Nelson im Öresund auf und zwang die Dänen nach einer großen Seeschlacht auf der Kopenhagener Reede am 2. April zur Kapitulation. Es war gleichsam das Menetekel für den Anfang vom Ende der alten dänischen Monarchie. Der Staat war nicht mehr Herr seiner Außenpolitik, sondern wurde von den Briten zu Wohlverhalten gezwungen. Das rief im Lande allgemeine Verbitterung hervor, weshalb die vorsichtige Hinwendung der Regierung zu Napoleon nach dessen großen Siegen auf dem Kontinent von allen politischen Kräften getragen wurde.

Nach der Verkündung der napoleonischen Kontinentalsperre fürchtete London das Übertreten der dänischen Flotte in französische Dienste. Da Dänemark eine englische Allianzforderung – nicht zuletzt unter französischem Druck – ausschlug, wurde die Royal Navy erneut in den Öresund geschickt, wo sie im September 1807 mehrere Tage lang Kopenhagen mit verheerenden Folgen bombardierte. Für das dänische Selbstwertgefühl war besonders niederschmetternd, dass Dänemark seine Flotte als Kriegsbeute an die Engländer ausliefern musste. Die Verbitterung war in Dänemark so groß, dass das Land nun offen auf die Seite Napoleons trat, dessen Truppen bereits an der Südgrenze des Königreiches lagen und nun zur Sicherung der Kontinentalsperre in die Herzogtümer kamen.

Die mehr oder weniger erzwungene Anlehnung an Frankreich war so stark, dass für Dänemark ein Allianzwechsel, wie ihn die ehedem französischen Verbündeten nach Napoleons Niederlagen vollzogen, nicht möglich war. Deshalb stand Dänemark am Ende des Krieges neben Frankreich als Verlierer da. Im Winter 1813/14 kämpfte eine russisch-preußisch-schwedische Armee in den Herzogtümern gegen Dänemark, das binnen weniger Wochen besiegt und zum Austritt aus dem Bündnis mit Napoleon gezwungen wurde. Im Frieden von Kiel im Januar 1814 musste Dänemark seine Provinz Norwegen an Schweden und die Insel Helgoland an England abtreten. Als Kompensation erhielt es von Schweden dessen Besitzungen in Vorpommern. Diese trat Dänemark 1815 an Preußen ab, wofür es neben der Übernahme eines Teils der Staatsschulden das Herzogtum Lauenburg erhielt.

Die drei Herzogtümer und das dänische Kernreich bildeten nunmehr den erheblich geschrumpften Gesamtstaat. Dessen Wirtschaftsleben war am Ende des Krieges vollkommen zerrüttet, der Staat war seit 1813 bankrott. Es dauerte mehrere Jahre, bis sich das Wirtschaftsleben, angetrieben vom primären Sektor, wieder erholt hatte. Ein dauerhafter Aufschwung, der nun im Zeichen einer Frühindustrialisierung erfolgte, stellte sich aber erst nach der Überwindung der Agrarkrise in der zweiten Hälfte der 1820er Jahre ein. Wesentlichen Anteil daran hatte die Verkehrsrevolution zunächst durch Straßenbau (Chausseen) und ab Anfang der 1840er Jahre durch den Eisenbahnbau. 1819 fuhr das erste regelmäßige Dampfschiff zwischen Kopenhagen und Kiel, 1829 auch zwischen Kopenhagen und Flensburg. Die erste Eisenbahnlinie zwischen Kiel und Altona wurde 1844 in Betrieb genommen. All dies beschleunigte den Warenaustausch, schuf neue Absatzmärkte, förderte die Anlage von Manufakturen, später auch Fabriken, und erleichterte die Arbeitsmigration. Warenproduktion, Handel und Dienstleistungen wuchsen durch zunehmende Spezialisierung und Arbeitsteilung. Dies und ein markanter Anstieg der Bevölkerung veränderten das soziale Gefüge. In weniger als einem Jahrhundert verdoppelte sich die Bevölkerungszahl: von 600 000 im Jahr 1803 auf 1,2 Millionen 1890 – allerdings nicht gleichmäßig über die Herzogtümer verteilt. Das Bevölkerungswachstum war in Holstein überproportional stark, ebenso die frühindustrielle Modernisierung der Wirtschaftsstrukturen, während in weiten Teilen Schleswigs bis weit in das 19. Jahrhundert hinein die Landwirtschaft, wenngleich mit Ansätzen technischer und agrikultureller Neuerungen, stark dominierte. Verstädterung und Pauperismus waren mit ihren Begleiterscheinungen von der Jahrhundertmitte an ebenfalls überwiegend in Holstein anzutreffen. Hier entstand zudem ein Bildungs- und Besitzbürgertum, das immer politischer wurde und den Führungsanspruch der alten adligen Elite in Frage stellte.

Der soziökonomische Wandel schlug auch auf das politische Leben durch. Der Gesamtstaatspatriotismus, der nach den englischen Angriffen der Jahre 1801 und 1807 in den Herzogtümern noch eindeutig vernehmbar war und sich insbesondere unter den Studenten und Dozenten der Universität Kiel in wiederholten Loyalitätsadressen an das Königshaus geäußert hatte, sollte sich nach 1815 verflüchtigen und dem nationalstaatlichen Identifikationsprinzip Platz machen. Die Kriegsniederlage und der Verlust Norwegens waren gewissermaßen Katalysatoren, die den politischen und verfassungsrechtlichen Ideen der Französischen Revolution auch in Dänemark und den Herzogtümern eine wachsende Anhängerschaft verschafften. Ganz oben auf der Agenda stand bei diesen Kräften das Verlangen nach einer zeitgemäßen Verfassung mit bürgerlichen Freiheiten. Für Holstein war diese Forderung nicht unbillig, denn als Mitglied des Deutschen Bundes hatte es gemäß Bundesakte ein verbrieftes Anrecht darauf, und der Landesherr, also der dänische König, hatte sich ebenfalls dazu verpflichten müssen. Schleswig dagegen hatte keinen solchen Anspruch auf eine neue Verfassung, aber auch dort breitete sich Unzufriedenheit mit den bestehenden Verhältnissen aus. Und genau hierin lag das Problem, aus dem sich ein den Gesamtstaat sprengender Konflikt von dem Zeitpunkt an ergeben sollte, an dem die Verfassungsfrage mit der nationalen Frage verknüpft wurde. Zunächst wurden diese Forderungen nur in akademischen Kreisen debattiert, doch bald waren sie auch Diskussionsgegenstand der bürgerlichen Öffentlichkeit – und zwar sowohl der dänisch als auch der deutsch gesinnten. Zwischen beiden Seiten taten sich im Laufe der Diskussionen immer tiefere Gräben auf, die schließlich unüberbrückbar wurden.

Akademischer Protagonist auf deutscher Seite war der Kieler Geschichtsprofessor und Sekretär der Ritterschaft Friedrich Christoph Dahlmann. Für ihn und seinen Schüler- und Kollegenkreis galt unumstößlich, dass eine neue Verfassung zum einen für Holstein und Schleswig gemeinsam gelten müsse und dass zum anderen die beiden Herzogtümer dem deutschen Staatsverband angegliedert werden müssten. Was die Untrennbarkeit der Herzogtümer betraf, berief sich Dahlmann auf die Ripener Urkunde von 1460, die er im nationalen Sinn umdeutete. In einer Zeit, in der sich durch zahlreiche Printmedien und die Verbesserung der Verkehrsmittel die Kommunikation beschleunigte, erreichten diese Vorstellungen schnell weite gesellschaftliche Kreise, die mit den herrschenden Zuständen aus vielerlei und nicht nur politischen Gründen unzufrieden waren. In Holstein hatte man sich nach 1815 immer mehr nach Süden, d.h. über die Elbe hin, ausgerichtet. Von dort kamen neue wirtschaftliche Impulse und politische Ideen, die Hoffnungen auf einen einheitlichen liberalen deutschen Staat weckten. Noch konkurrierte diese auf Deutschland ausgerichtete Verfassungsdiskussion mit einem gesamtstaatlichen Reformentwurf, den der Jurist und Landvogt der Insel Sylt Uwe Jens Lornsen in einer Flugschrift 1830 zum Ausdruck brachte. Lornsen, im Kern loyaler dänischer Untertan, zeigte hierin, wie unmodern die Verfassungs- und Verwaltungsstruktur der Monarchie sei und wie durch Schaffung eines Doppelstaates Abhilfe geschaffen werden könnte. In diesem Staatswesen sollte Schleswig-Holstein einen autonomen Status mit eigener Verfassung und Verwaltung erhalten, aber weiterhin mit dem von seiner absolutistischen Verfassung befreiten Dänemark staatsrechtlich verbunden bleiben. Für diese revolutionären Gedanken musste Lornsen mit der Entfernung aus dem Amt und einem Jahr Festungshaft büßen. Er wurde dadurch – zu Unrecht – zum Märtyrer für die deutsche Schleswig-Holstein-Bewegung, die seinen Fall als schlagendes Beispiel für die Reformunwilligkeit des dänischen Absolutismus publizistisch aufwertete.

Auch in Dänemark wurde zu dieser Zeit die Verfassungsfrage diskutiert, und liberale Kräfte drängten auf die Beseitigung des Absolutismus. Hier propagierten die tonangebenden politischen Stimmen nach dem Verlust Norwegens immer lauter die Schaffung eines dänischen Nationalstaates bis zur Eider mit einer einheitlichen, liberalen Verfassung und Zurückdrängen alles Deutschen in Verwaltung und Kultur. Die Anhänger dieses Programms nannte man Eiderdänen. Holstein und Lauenburg waren sie durchaus bereit abzutreten. Ihr wirkungsmächtigster Vorkämpfer und Ideengeber des dänischen Nationalgefühls schlechthin war der Pastor und Pädagoge Nikolai Grundtvig, der, inspiriert von der deutschen Nationalromantik, mit seiner Volkshochschulbewegung seinen Landsleuten mit Erfolg das Dänentum im Sinne der nationalen Erweckung einpflanzte.

In der überwiegend dänisch besiedelten nördlichen Hälfte Schleswigs erreichte die Grundtvigsche Volkspädagogik eine durch die Agrarreformen beträchtlich gewachsene Schicht von relativ wohlhabenden Bauern. Deren Streben nach Bildung verknüpfte sich mit dem inzwischen in den kleinbürgerlich-städtischen Schichten verankerten nationaldänischen Programm. Der deutsch-dänische Gegensatz entzündete sich hier als Erstes an der Sprachenfrage. Es ging nicht mehr allein darum, welches hier und da die Schul- und Kirchensprache sein sollte, sondern um die eine, amtlich von allen anzuwendende Sprache. Und die sollte das Dänische sein. Zum Forum, auf dem dieser Streit ausgetragen und zugespitzt wurde, geriet die Schleswigsche Ständeversammlung. Im Mai 1831 hatte sich Friedrich VI. angesichts der Pariser Julirevolution von 1830, der Flugschrift Lornsens und einer auch in seinem Königreich drohenden politischen Radikalisierung zu einer halbherzigen Reform bewegen lassen, indem er in vier Teilen des Reiches (Jütland, Inseldänemark, Schleswig und Holstein) jeweils beratende Ständeversammlungen zuließ. Das aktive Wahlrecht war an einen hohen Grundbesitzzensus geknüpft, den nur etwa drei Prozent der Bevölkerung erfüllten. Doch waren nun auch Bürgertum und Bauern in den Ständeversammlungen vertreten.

Mit diesen Ständeversammlungen wurde, wie sich zeigen sollte, letzten Endes dem Zerfall des Gesamtstaates Vorschub geleistet. Für die Annahme der hier beratenen und der Regierung vorgelegten Reformvorschläge auf dem Gebiet der Rechtspflege, der Verwaltung und der Staatsfinanzen erwies sich der absolutistische Staat als zu erstarrt. Die beiden schleswig-holsteinischen Ständeversammlungen wurden stattdessen in erster Linie zu nationalpolitischen Foren, wo sich Anhänger des von den nationalen Ideen des deutschen Vormärz beeinflussten Schleswig-Holsteinertums und dänische Nationalliberale bald unversöhnlich gegenüberstanden. Beide wollten den nationalen Verfassungsstaat, allerdings mit unterschiedlichen nationalen Vorzeichen. Und beide pochten auf ihre historisch hergeleiteten

Rechte auf das ganze Herzogtum Schleswig. Der althergebrachte übernationale Gesamtstaat wurde abgelehnt. Aus beiden Lagern heraus warb eine rege Publizistik für die jeweiligen Standpunkte, und nationale Sängerfeste sowie Bürgervereine trugen im Stil der Zeit das Ihre dazu bei, die nationalen Programme und Symbole zu popularisieren.

Diese Konstellation entfaltete ihre ganze Sprengkraft, als 1848 eine strittige dynastische Frage hinzutrat, und vor allem dadurch, dass fast gleichzeitig die revolutionäre Bewegung von Frankreich und Deutschland aus nach Nordelbien ausstrahlte. Angesichts des – erst in der übernächsten Generation zu erwartenden – Erlöschens der männlichen Linie der regierenden Oldenburger entwickelte sich ein Streit darüber, ob ein Anwärter aus einer nach dem dänischen Königsgesetz in Dänemark erbberechtigten weiblichen Nebenlinie auch in den Herzogtümern die Nachfolge antreten könne. Hier prallten wieder die unterschiedlichen staatsrechtlichen Zugehörigkeiten der beiden Herzogtümer aufeinander, denn nach dem in Holstein gültigen deutschen Erbrecht war der vom dänischen Hof ausersehene Nachfolgekandidat hier nicht erbberechtigt. Dagegen hatte bereits 1837 Herzog Christian August aus der Augustenburger Linie der Oldenburger seine Ansprüche auf die Herzogtümer angemeldet. Er wurde nun Favorit der Schleswig-Holsteiner, aber von König Christian VIII. abgelehnt, der 1846 in einem ‹offenen Brief› seinen Standpunkt darlegte, dass die Erbfolge nach der Lex Regia auch in den Herzogtümern zulässig sei. Es folgte massiver Widerspruch der beiden schleswig-holsteinischen Ständeversammlungen, die sich schließlich aus Protest selbst auflösten. Es kam zu zivilem Ungehorsam und Einsatz von Polizei und Militär. Die Ereignisse kulminierten Anfang 1848: Während in Kopenhagen über einen Verfassungsentwurf beraten wurde, bei dem sich die Vorstellungen der eiderdänischen Politiker durchzusetzen schienen, führte die Nachricht von der Revolution in Frankreich und den Erhebungen in den deutschen Staaten dazu, dass sich eine im März in Rendsburg konstituierende schleswigholsteinische Ständeversammlung diesen freiheitlichen Bestrebungen anschloss und einen weitgehenden politischen Forderungskatalog aufstellte, der eine gemeinsame Verfassung für die Herzogtümer und Aufnahme Schleswigs in den Deutschen Bund einschloss. Die Personalunion mit dem dänischen Königshaus sollte allerdings aufrecht erhalten bleiben. Eine mit diesen Forderungen nach Kopenhagen geschickte Delegation kehrte erfolglos zurück, denn inzwischen hatten die Eiderdänen den neuen König Friedrich VII. zur Anerkennung ihres Programms und Einsetzung einer nationalliberalen Regierung bewegen können. Was folgte, war die schleswig-holsteinische Erhebung: die Bildung einer «Provisorischen Regierung» in Kiel am 24. März, die umgehend die Anerkennung in Berlin und später durch die Paulskirchenversammlung in Frankfurt erreichte, und bewaffnete Auseinandersetzungen zwischen dänischen Truppen und der hastig zusammengestellten «schleswig-holsteinischen Armee», die von überwiegend preußischen Bundestruppen unterstützt wurde, die bis in die Mitte Jütlands vorrückten.

Ein unter dem Druck der Großmächte im August 1848 zustande gekommener Waffenstillstand hielt nur bis April 1849, da das Frankfurter Parlament sich nicht auf einen Friedensvertrag einigen konnte, was der dänische König zu neuerlichem militärischen Vorgehen nutzte. Wieder rückten preußische Bundestruppen bis nach Jütland vor, und wieder zwangen die Großmächte, in erster Linie Russland, zu einem Waffenstillstand, der aber diesmal durch einen am 2. Juli 1850 geschlossenen Friedensvertrag zwischen Dänemark und Preußen abgelöst wurde. Die Schleswig-Holsteiner setzten nunmehr den Kampf allein fort, standen aber schon nach der vernichtenden Niederlage von Idstedt (bei Schleswig) am 25. Juli 1850 auf verlorenem Posten. Hilfe von außen war diesmal nicht zu erwarten: Die deutsche Revolution war inzwischen gescheitert und Preußen durch Drohungen des innerdeutschen Rivalen Österreich gelähmt. Den Schlusspunkt in diesem Konflikt setzte der Londoner Vertrag vom 8. Mai 1852 zwischen den Großmächten (einschließlich Österreich und Preußen) und Dänemark, durch den der Gesamtstaat wiederhergestellt und die Erbfolge geregelt wurde. Weder die Schleswig-Holsteiner noch die Eiderdänen hatten am Ende ihr Ziel erreicht. Allerdings konnte die nationalliberale

Regierung den Konflikt dazu nutzen, um 1849 mit einer neuen, aber auf das Kernreich beschränkten Verfassung die konstitutionelle Monarchie durchzusetzen.

Nach 1852 versuchte die Kopenhagener Regierung, ungeachtet warnender Stimmen und Proteste, durch einzelne Gesetzes- und Verwaltungsmaßnahmen die Inkorporation Schleswigs doch noch zu erreichen. Im Vordergrund stand dabei die auf das mittlere Schleswig bezogene Sprachgesetzgebung, mit der das Deutsche aus den öffentlichen Bereichen zurückgedrängt werden sollte. Es kam zu Zeitungs- und Berufsausübungsverboten sowie Entlassungen missliebiger deutscher Beamter, Lehrer und Pastoren. Alltägliche Willkürakte der dänischen Verwaltung und die Reaktionen darauf machten eine Verständigung unmöglich. Parallel zu diesen Maßnahmen wurde eine sukzessive Aussonderung Holsteins und Lauenburgs aus der gesamtstaatlichen Ordnung betrieben. Die bisher gemeinsamen Behörden wurden aufgelöst und für Schleswig und für Holstein-Lauenburg getrennte Zuständigkeiten eingerichtet. 1854 wurden jeweils für Holstein und Schleswig Ständeverfassungen oktroyiert.

Schon zu diesem Zeitpunkt zeichnete sich ein neuer Konflikt mit dem Deutschen Bund ab, denn einige dieser Maßnahmen standen eindeutig im Widerspruch zu den Abmachungen von 1852. Wiederholt richteten die holsteinische und die lauenburgische Ständeversammlung Beschwerden an die Frankfurter Bundesversammlung, wo die Schleswig-Holstein-Frage wieder auf die Tagesordnung kam und durch begleitende Publizistik zu einem nationalen Anliegen wurde. Das Fass zum Überlaufen brachte schließlich die beim Thronwechsel im November 1863 in Kopenhagen verabschiedete dänisch-schleswigsche Verfassung. Der preußische Ministerpräsident Bismarck erkannte sofort die Sprengkraft dieses Ereignisses und die darin liegenden Möglichkeiten für seine Deutschlandpolitik. Der ab Februar 1864 von Preußen und Österreich im Namen des Bundes gegen Dänemark geführte Krieg, für den Bismarck sich die Rückendeckung Frankreichs und Russlands gesichert hatte, wird denn auch als erster deutscher Einigungskrieg bezeichnet. Kopenhagen hatte das Ultimatum Preußens und Österreichs, die Verfassung zurückzunehmen, in Fehleinschätzung der internationalen Lage zurückgewiesen. Lauenburg und Holstein wurden noch im Dezember 1863 von Bundestruppen kampflos besetzt. In Schleswig kam es ab Februar 1864 zu Kriegshandlungen, die Mitte April mit der Erstürmung der Düppeler Schanzen vor Sonderburg, hinter die sich die dänische Hauptarmee zurückgezogen hatte, durch preußische Truppen entschieden wurden. Doch erst nach der Besetzung ganz Jütlands durch österreichische und preußische Truppen willigte Kopenhagen in Friedensverhandlungen ein, die am 30. Oktober 1864 in Wien vertraglich besiegelt wurden: Christian IX. musste die Herzogtümer an Österreich und Preußen abtreten, wodurch Dänemark 40 Prozent seines Staatsgebietes und ein Drittel der Bevölkerung verlor. Die künftige staatsrechtliche Gestaltung Schleswig-Holsteins blieb offen.

VIII. Schleswig-Holstein als preußische Provinz

1. Politische und gesellschaftliche Differenzierung im Zeichen von Modernisierung und Industrialisierung

Die Hoffnungen der Schleswig-Holsteiner wurden nach 1864 ein zweites Mal von Preußen enttäuscht. Bismarck wollte keinen weiteren eigenständigen deutschen Bundesstaat, sondern die Herzogtümer in Preußen eingliedern. Das bekam unmittelbar auch der Erbprinz Friedrich von Augustenburg zu spüren, dem bereits Ende Dezember 1863 eine Volksversammlung in Elmshorn gehuldigt hatte und der sich als neuer Herzog von Schleswig-Holstein und Bundesfürst wähnte, dessen Thronfolge aber von Bismarck hintertrieben wurde. Denn dieser wusste bereits: «Die up ewig Ungedeelten müssen einmal Preußen werden», wie er einem Verwandten anvertraute. Und das wurden sie dann nach dem preußisch-österreichischen Krieg vom Sommer 1866, der sich am Streit über die Verwaltung und Zukunft

Schleswig-Holsteins entzündete: Österreich wollte schleswig-holsteinischen Wünschen nachkommen, Preußen dies verhindern. Seine Truppen besetzten deshalb Anfang Juni 1866 das von Österreich verwaltete Holstein, was zum Anlass für den zweiten Bismarckschen Einigungskrieg wurde. Im Frieden von Prag vom 23. August 1866 trat der österreichische Kaiser seine Rechte an den Herzogtümern an Preußen ab, dessen König mit dem ‹Besitzergreifungspatent› vom 12. Januar 1867 Schleswig-Holstein als Provinz in sein Staatswesen eingliederte. Ab 1. Oktober 1867 galt hier die preußische Verfassung.

Diese Integration und deren Ausweitung 1871 in das Deutsche Kaiserreich fanden zu einer Zeit statt, in der in Deutschland ein tiefgreifender gesellschaftlicher, wirtschaftlicher und politischer Wandlungsprozess in Gang war, der nun auch Schleswig-Holstein erfasste. Hier kam hinzu, dass die Verwaltung der Provinz durch radikale Beseitigung der antiquierten gesamtstaatlichen obrigkeitlichen Strukturen wie nie zuvor in seiner Geschichte umfassend reformiert wurde. Aufkommende Kritik wurde von der Berliner Regierung unterdrückt. Protest richtete sich insbesondere gegen die Einführung der preußischen dreijährigen allgemeinen Wehrpflicht, der sich viele junge Männer durch Auswanderung nach Amerika entzogen, und das preußische Steuersystem, das neue, systematisierte Steuerarten einführte und alte Sonderrechte beseitigte.

Oberster Repräsentant des Staates war nun der preußische Oberpräsident. Er übte die Aufsicht über die Behörden und die Provinzialregierung aus, an deren Spitze der Regierungspräsident stand. Um den alten Dualismus nicht wieder aufkeimen zu lassen und als Symbol für die politische Einheit wurde Schleswig-Holstein zu nur einem Regierungsbezirk zusammengefasst mit dem Verwaltungszentrum in der Stadt Schleswig. Hier wurde, auch das durchaus symbolisch gemeint, gegenüber dem Schloss Gottorf ein dieses an Größe übertreffendes neues preußisches Regierungspräsidium errichtet. Als mittlere Verwaltungsebene wurden 20 Kreise mit Landräten an der Spitze und Kreistagen als beratenden Körperschaften eingerichtet und die unübersichtliche Gliederung in Ämter, Landschaften, Harden,

Gutsbezirke etc. beseitigt. Damit verschwanden auch deren Sonderrechte und Privilegien. Eine liberale Gemeinde- und Städteordnung stattete die Landgemeinden und Städte mit Selbstverwaltungsrechten und gleichen Kompetenzen aus. Ein erstmalig gemeinsamer Provinziallandtag, der nach einem komplizierten Schlüssel von den Kreistagen und Stadtverordnetenversammlungen beschickt wurde, hatte zunächst nur geringe Befugnisse, die sich im Wesentlichen auf soziale und kulturelle Aufgaben beschränkten.

Ein weiteres bedeutendes Reformwerk, das unmittelbar nach dem Übergang an Preußen in Angriff genommen wurde, war die Neuordnung der Rechtspflege. Die Rechtsprechung wurde von der Verwaltung getrennt und die Rechtsgleichheit für alle Untertanen hergestellt. Damit verschwanden auch die letzten Reste der patrimonialen adligen Gerichtsbarkeit. Die Provinz gliederte sich nun in 70 Amtsgerichts- und drei Landgerichtsbezirke mit einem Oberlandesgericht als Appellationsinstanz.

Territoriale Veränderungen gab es 1876 durch den Anschluss des Herzogtums Lauenburg, das seit 1865 durch Personalunion mit Preußen verbunden war, an die Provinz Schleswig-Holstein sowie 1890 durch die Übernahme der Insel Helgoland aus englischer Hand.

Die bereits in der ersten Jahrhunderthälfte entstandenen Ansätze einer Industrialisierung konnten sich nach dem Anschluss an Preußen und an den Deutschen Zollverein voll entfalten – trotz Fehlens industrieller Rohstoffe wie Kohle und Eisen, die anderen deutschen Wirtschaftsregionen einen schnellen industriellen Aufstieg ermöglichten. Begünstigt wurde die Entwicklung durch die 1867 eingeführte Gewerbefreiheit und wirtschaftliche Freizügigkeit. Motor war zunächst die Verdichtung des Eisenbahnnetzes, wobei zahlreiche Zulieferwerke entstanden. Ein entstehendes Bankensystem erlaubte die Finanzierung von industriellen Projekten durch Aktiengesellschaften. Eisenverarbeitung, Bauwirtschaft und schließlich Maschinenbau wurden dadurch angekurbelt und weiteten ihre Tätigkeit zunehmend auch in andere Bereiche aus. Von besonderer Bedeutung war der Bau des neuen Nord-Ostsee-Kanals, den Bismarck gegen Widerstände aus marinestrategischen Gründen beim Kaiser durchsetzen konnte. Dieser nach achtjähriger Bauzeit 1895 eröffnete und 1907 bis zum Ersten Weltkrieg noch wesentlich erweiterte Kanalbau war das größte und teuerste Einzelbauvorhaben des Kaiserreiches. Er erlangte nicht nur für die Schiffahrt, sondern auch für das gesamte Wirtschaftsleben größte Bedeutung.

In der Landwirtschaft schritt die durch das Genossenschaftswesen unterstützte Mechanisierung durch Nutzung der Dampfmaschine voran. Die Agrarproduktion wurde dadurch und durch den Einsatz von Kunstdünger erheblich gesteigert. Im Zusammenhang damit entstand eine leistungsstarke Nahrungs- und Genussmittelindustrie, der nicht nur der Export, sondern auch die in der Provinz ständig anwachsende Bevölkerung einen sicheren Absatzmarkt bot. Symptomatisch hierfür waren die rund 1000 Dampfmeiereien, die bis 1890 jedes Dorf erfassten. Ein verästeltes Eisenbahnnetz erleichterte und beschleunigte den Absatz. Die Spezialisierung der Milchwirtschaft veranlasste wiederum viele Bauern, auf Milchviehhaltung umzustellen und in entsprechende Anlagen zu investieren. Kennzeichnend war auch die flächendeckende Ausbreitung spezialisierter Handwerksbetriebe, die die Mechanisierung der Landwirtschaft sowohl vorantrieben als auch von ihr profitierten. Bis zum Ende des Jahrhunderts sank der Anteil der in der Landwirtschaft Tätigen, der beim Übergang an Preußen noch bei über 50 Prozent gelegen hatte, auf ein Drittel.

Die Zentren der Industrialisierung bildeten sich in Holstein. Schleswig, insbesondere die nördlichen Kreise, blieb von ihr in diesem ganzen Zeitraum nahezu unberührt, wie Schleswig überhaupt hinter Holstein wirtschaftlich immer stärker zurückblieb. Nur Flensburg mit seinen Metall- und Nahrungsmittelfabriken wurde eine nennenswerte Industriestadt, deren Einwohnerzahl sich bis 1914 fast verdreifachte. Eine besondere Rolle spielte Kiel, das nicht nur zum bedeutendsten Marinestützpunkt (seit 1871 per Reichsverfassung Reichskriegshafen) der vor allem unter Wilhelm II. rasch wachsenden Kriegsflotte, sondern zur maritimen Waffenschmiede des Reiches schlechthin wurde. Hier entstanden durch staatliche wie private Initiative mehrere Großwerften, denen zahlreiche Hilfs-, Neben- und Zulieferindustrien angeschlossen waren. Neben dem dominierenden Kriegsschiffbau fand in Kiel ein beträchtlicher Handelsschiffbau statt. Die Entwicklung der Einwohnerzahlen spiegelt den Boom deutlich wider: Die Stadt wuchs von rund 20000 Einwohnern im Jahr 1867 auf 243000 am Ende des Ersten Weltkrieges. Außer Werften und Fabriken prägten die Militärbauten und vor allem die aus dem Boden gestampften Mietskasernen der Arbeiterquartiere das Stadtbild.

Neben Altona und Neumünster wurde Kiel zu einer Hochburg der Arbeiter- und Gewerkschaftsbewegung. Die Arbeiter in diesen Industriestädten waren zum großen Teil von außerhalb Schleswig-Holsteins zugewandert. Zwar gab es auch einen Zuzug vom Land in die Städte, doch viele Angehörige der infolge der Mechanisierung in der Landwirtschaft freigesetzten bäuerlichen Unterschichten wählten die Emigration nach Übersee. Bis 1900 verließen über 200000 Schleswig-Holsteiner auf diesem Wege ihre Heimat.

In den Industriezentren formierte sich früh eine klassenbewusste Arbeiterschaft, die zunächst von Lassalle, ab 1875 sozialdemokratisch geprägt war und noch vor Aufhebung des Bismarckschen Sozialistengesetzes (1878–1890) die stärkste politische Kraft in der Provinz wurde. Das spiegelte sich nach 1890 jedoch nur in den Wahlen zum Reichstag wider, in denen das allgemeine und gleiche Männerwahlrecht galt. Die Wahlen zum Preußischen Landtag und zu den Vertretungskörperschaften in der Provinz waren an einen Zensus gebunden, der die politische Arbeiterbewegung erheblich benachteiligte. In den größeren Städten schuf eine vielfältige Vereinskultur ein ausgeprägtes sozialdemokratisches Milieu. Die SPD fand auch zunehmend Anhängerschaft unter den Landarbeitern der Guts- und großbäuerlichen Betriebe, während sich das Bauerntum sonst anderen Parteien zuwandte – in steigendem Maße den nationalkonservativen. Nach Aufhebung des Sozialistengesetzes bildete sich eine starke Gewerkschaftsorganisation, deren Arbeitskampfaktivität und -erfolge über dem Reichsdurchschnitt lagen.

Stärkste parlamentarische Kraft in der Provinz waren, begünstigt durch das Zensuswahlrecht, bis zum Ende des Kaiserreiches die Linksliberalen, die unter wechselnden Parteinamen vor allem die städtischen Mittelschichten repräsentierten. Die Linksliberalen gerieten gegen Ende des Jahrhunderts jedoch unter starken Druck der nationalkonservativen Kräfte, die über Krieger- und Flottenvereine sowie Publizistik im Zeichen des aggressiven wilhelminischen Nationalismus zum beherrschenden Integrationsfaktor der bürgerlichen und kleinbürgerlichen Schichten in Stadt und Land wurden. Sie gruppierten sich um die Nationalliberale, die Freikonservative und die Deutsch-Konservative Partei. In diesen Kreisen breitete sich zunehmend völkisches, antimodernes Gedankengut aus. Innenpolitisch richtete sich dieser reaktionäre Nationalismus gegen die sogenannten Reichsfeinde, womit die Sozialdemokraten und die dänische Bevölkerung in Nordschleswig gemeint waren. So verfestigten sich bis zur Jahrhundertwende nicht nur gesellschaftliche und politische Gegensätze; hinzu kam auch noch ein aufgeheizter nationaler Konflikt.

In den nördlichen Kreisen Schleswigs hatte sich nach 1867 ein starkes nationalbewusstes Dänentum herausgebildet. Bis zum Ersten Weltkrieg haben sich hier bei Reichstags- und Landtagswahlen stets dänischgesinnte Kandidaten durchgesetzt. Ging es dem preußischen Staat anfangs darum, in seiner neuen Provinz die Loyalität auch der dänischsprachigen Bevölkerung durch Zugeständnisse zu gewinnen, so ließ schon bald die obwaltende Staatsräson, d.h. der Primat der Einheit von Kulturnation und Staatsnation, die gleichberechtigte, autonome Existenz eines anderssprachigen Bevölkerungsteils nicht zu. Er wurde zu einem Störfaktor in dem von den nationalistischen Eliten forcierten nationalstaatlichen Konsolidierungsprozess des Wilhelminischen Reiches. Was folgte, war ein massiver Eindeutschungsversuch durch Sprachverordnungen, die das Dänische nur noch im privaten Umgang und in der Kirche bzw. im Religionsunterricht zuließen. Die preußische Politik wiederholte hier denselben Fehler, der nach 1852 von den dänischen Behörden bei ihren Danisierungsversuchen in Mittelschleswig gemacht worden war. Denn natürlich ließ sich das nationale sprachliche und kulturelle Bekenntnis nicht behördlich austreiben. Es bildeten sich dänische Kultur- und Schulvereine. Eine lebhafte dänische Publizistik machte die Zustände auch über die Landesgrenzen hinaus bekannt. Die Fronten verhärteten sich zusehends und erreichten mit der sogenannten Köllerpolitik ihre Zuspitzung (benannt nach Ernst von Köller, 1897–1901 Oberpräsident der Provinz).

Neben anderen Schikanen ordnete er die Ausweisung von missliebigen Dänischgesinnten an, die nicht im Besitz der preußischen Staatsangehörigkeit waren. Und das waren nicht wenige, denn im Wiener Friedensvertrag war den Einwohnern Nordschleswigs die Möglichkeit eingeräumt worden, für Dänemark als ihr Vaterland zu optieren, ohne ihren Grundbesitz zu verlieren. Viele hatten das genutzt, erhielten die dänische Staatsangehörigkeit, blieben aber in ihrer nordschleswigschen Heimat ansässig. Die massenhafte Ausweisung setzte im Oktober 1898 ein und traf sowohl diese ‹Optanten› als auch insbesondere die zugewanderten dänischen Dienstboten. Erst die ‹Optantenkonvention› von 1907, die auf internationalen Druck und wiederholte Proteste der SPD zustande kam, führte eine gewisse Entschärfung der Lage in Nordschleswig herbei. Viele ‹Optanten› wurden danach naturalisiert und deren Kinder, die bisher den Status von Staatenlosen gehabt hatten, erhielten die preußische Staatsbürgerschaft. Dennoch blieb der nationale Gegensatz virulent. Auf der einen Seite standen die Dänischgesinnten mit ihren Vereinen und ihrer Publizistik, die nun wieder stärker die Umsetzung der im Artikel 5 des Prager Friedensvertrags von 1866 festgehaltenen Möglichkeit des Volksentscheids über die Festlegung einer Grenzziehung nach nationalen Kriterien forderten. Dieser Artikel war allerdings 1878 von Deutschland und Österreich aufgehoben worden. Auf der anderen Seite wuchs die antidänische Agitation, die vor allem vom ‹Deutschen Verein für das nördliche Schleswig› getragen wurde. Beide Seiten standen sich bis zum Ersten Weltkrieg unversöhnlich gegenüber.

In diesen Krieg zogen die Schleswig-Holsteiner wie die meisten Deutschen mit patriotischer Begeisterung. Die wehrfähigen Dänen mit preußischer Staatsangehörigkeit (rund 30 000 Mann) mussten ebenfalls auf deutscher Seite in diesen Krieg ziehen. Schleswig-Holstein wurde bald von der zentral gelenkten Kriegswirtschaft erfasst und litt, je länger der Krieg dauerte, in allen Wirtschaftsbereichen zunehmend unter Mangel, der sich vor allem auf dem Rohstoff- und Ernährungssektor drückend bemerkbar machte. Seit dem Hungerwinter 1916/17 wuchs die allgemeine Kriegsmüdigkeit, die sich in vielen Städten wiederholt in Unruhen und Streiks gegen Hunger, Not und Arbeitszwang entlud. Insbesondere in Kiel wurde das Aufbegehren zunehmend politisch.

2. Von der Weimarer Demokratie zum nationalsozialistischen Mustergau

Das Ende des Wilhelminischen Kaiserreiches und der Übergang zur Republik von Weimar ist aufs Engste verbunden mit den Ereignissen in Kiel Anfang November 1918, die als Kieler Matrosenaufstand in die Geschichtsbücher eingegangen sind. Meuternde Matrosen, die verhindert hatten, dass die Kriegsflotte zu einer sinnlosen letzten Schlacht gegen die Royal Navy auslaufen konnte, und streikende Arbeiter fanden sich zu Räten zusammen, die weitgehende politische Forderungen formulierten, denen sich binnen kurzem immer mehr Menschen anschlossen: Friedensschluss, Abschaffung der Monarchie, allgemeines, gleiches und freies Wahlrecht für Männer und Frauen waren die wichtigsten. In zum Teil bewaffneter Auseinandersetzung mit den alten Ordnungsmächten errang der Arbeiter- und Soldatenrat bis zum 5. November die faktische Macht, und bereits nach zwei Tagen galt die ganze Provinz als republikanisch. Von hier sprang der revolutionäre Funke nach Berlin und in andere Metropolen des Reiches über, und wenige Tage später, am 9. November, war das Kaiserreich eine Republik geworden. Wie in der Hauptstadt und andernorts in Deutschland kam es auch in Schleswig-Holstein, konkret in Kiel, in der Folgezeit zu Fraktionskämpfen unter den revolutionären Kräften, in denen sich gemäßigte Sozialdemokraten im Bündnis mit alten Machtträgern durchsetzten und die Revolution in demokratisch-parlamentarische Bahnen lenkten.

Das neue Deutsche Reich, die Republik, war nicht mehr ein Bündnis der deutschen Staaten wie das 1871 von Bismarck geschaffene Reich, sondern ein durch die Verfassung von Weimar zusammengehaltener Länderbund, in dem allerdings das größte Land, der Freistaat Preußen, dominierte. Schleswig-Holstein war weiterhin eine Provinz dieses Landes. Auch hatte sich an der Verwaltungs- und Behördenstruktur nichts geändert. Die Vertretungskörperschaften des Volkes sollten aber nunmehr auf allen Ebenen demokratisch gewählt und parlamentarisch kontrolliert werden.

Bei den ersten Wahlen zur Nationalversammlung 1919 erzielten die liberalen und linken Parteien mit über drei Viertel der Wählerstimmen ein besseres Ergebnis als bei den letzten Vorkriegswahlen. Stärkste politische Kraft wurde mit 45,7 % die SPD, gefolgt von der linksliberalen Deutschen Demokratischen Partei (DDP) mit 27,2 %. Der Anteil der USPD lag knapp unter 4 %.

Doch dieses Bild einer linken Provinz sollte sich sehr schnell wandeln. Die Jahre nach dem Ersten Weltkrieg waren geprägt von inneren Wirren, wirtschaftlicher Not und sozialen Spannungen – und dem Auseinanderbrechen der gerade entstandenen demokratischen politischen Strukturen. Nach einer kurzen Konsolidierungsphase um 1925 und vorübergehendem Abklingen der scharfen Gegensätze waren ab den späten 1920er Jahren Straßen- und Saalschlachten zwischen den rechts- und linksextremen Parteien gang und gäbe. Zwischen 1928 und 1933 kamen bei politisch motivierten Gewalttaten und Mordanschlägen mindestens 50 Personen ums Leben. Schleswig-Holstein kam dabei die eigenartige Rolle zu, dass hier einerseits die Weimarer Republik ihren Anfang genommen hatte, andererseits aber auch die demokratie- und republikfeindlichen Kräfte hier eine frühe Hochburg bildeten. Letztere waren schon bis 1921 stark angewachsen und errangen dann bis 1924 die Oberhand. In Wirtschaft, Verwaltung und Justiz hatten die alten Eliten aus der Kaiserzeit das Ruder ohnehin in der Hand behalten. Zwar blieb die SPD, zumal in den größeren Städten, bis 1930 die stärkste Partei, doch scharte sich insbesondere die Landbevölkerung in den 1920er Jahren mehrheitlich um die DNVP, um dann zur NSDAP überzuwechseln. Bereits während des Kapp-Lüttwitz-Putsches im März 1920 zeigte sich, wie labil die Demokratie war. Viele Offiziere und Verwaltungsspitzen sympathisierten mit den Putschisten. Nur die Arbeiter verteidigten die Republik. Allein in Kiel gab es bei den Straßenkämpfen am 18. März 68 Todesopfer. Auch in anderen Städten waren Todesopfer zu beklagen. Nach dem Sieg der demokratischen Kräfte wurde gegen elf von 19 schleswig-holsteinischen Landräten ermittelt, weil man sie der Mithilfe am Putsch verdächtigte.

Zu den Hypotheken der Kriegsniederlage, die das nationalistische Lager propagandistisch nutzte, zählte die Abtretung der nördlichen Hälfte Schleswigs an Dänemark. Ausgehend von den Erklärungen des US-Präsidenten Wilson über die europäische Nachkriegsordnung, in denen u. a. das Selbstbestimmungsrecht der Völker postuliert wurde, vermochte die dänische Regierung das ‹Schleswig-Problem›, das heißt die Frage der staatlichen Zuordnung, durch französische und britische Unterstützung auf die Tagesordnung der Versailler Friedenskonferenz zu setzen. Ohne deutsche Mitsprache, aber von heftigen Kontroversen begleitet, wurden – wie in anderen deutschen Grenzgebieten – im Friedensvertrag Volksabstimmungen unter internationaler Aufsicht festgelegt. Nach Bekanntgabe der Abstimmungsmodalitäten und der Aufteilung der Abstimmungsgebiete in zwei Zonen lebte der nationale Gegensatz in Nordschleswig stark auf; er war auf beiden Seiten von einem massenhaften Einsatz von nationalen Propagandamitteln gekennzeichnet. Die Abstimmungen selbst fanden 1920 unter hoher Beteiligung am 10. Februar (nördliche Zone) und 14. März (südliche Zone) statt und brachten für die Nordzone eine eindeutige Entscheidung für Dänemark, für die südliche Zone überwiegend für Deutschland. Erneuten nationalen Streit rief anschließend die genaue Festlegung der Grenzlinie in der südlichen Zone hervor, als beide Seiten versuchten, auf die internationale Kommission Einfluss zu nehmen. Dabei ging es vor allem um die staatliche Zuordnung Flensburgs. Die schließlich vom alliierten Botschafterrat in Paris am 15. Juni 1920 offiziell festgelegte Grenze berücksichtigte – mit Ausnahme Flensburgs – weitgehend die dänischen Vorstellungen. Für die Wirtschaft Flensburgs bedeutete der Wegfall eines großen Teils ihres Hinterlandes eine große Belastung.

Die neue Staatsgrenze schuf auf beiden Seiten nationale Minderheiten, und vor allem die deutsche in Nordschleswig, deren Angehörige jetzt dänische Staatsbürger geworden waren, war mit den Ergebnissen der Abstimmungen und der neuen Grenze nicht zufrieden. In ihren Reihen und auch südlich der Grenze machte sich ein ausgeprägter Grenzrevanchismus breit. Er verband große Hoffnungen mit dem Aufstieg der Nationalsozialisten in Schleswig-Holstein, denn die Grenzrevision nahm in deren Propaganda einen bedeutenden Platz ein. Die Schuldzuweisungen bezüglich der Hinnahme der Grenzfestlegung richteten sich auch hier gegen die Parteien, die die Weimarer Republik trugen.

Durch die kriegsbedingt ausgebliebenen Modernisierungsinvestitionen in die Wirtschaft und durch den Zusammenbruch der überwiegend von Marineaufträgen lebenden Schiffbauindustrie mit ihren Werften und Zulieferbetrieben stand Schleswig-Holstein bei der Umstellung auf die Friedensproduktion vor besonderen Schwierigkeiten. Hinzu kam, dass auch Handwerk und Handel litten und die Provinz an dem bis 1923 verzeichneten Aufschwung der deutschen Wirtschaft nicht teilhatte. Dem konnten auch infrastrukturelle Maßnahmen des Reiches, wie der Bau des Hindenburgdammes zur Insel Sylt 1923–1927 oder die Landgewinnung an der Westküste durch Anlage von Kögen, nicht abhelfen. Ein besonderes Sorgenkind war die Landwirtschaft. Vor allem in Dithmarschen, auf dem Geestrücken und in den Flussmarschen hatten sich viele Kleinbauern noch vor dem Krieg auf die Schweinezucht spezialisiert, kamen nun aber nach der von den Siegermächten erzwungenen Aufhebung der deutschen Schutzzölle gegen die ausländische Konkurrenz nicht mehr an. Zwar gehörten die Landwirte in der Inflationskrise von 1923 zu den wenigen Gewinnern, da sie buchstäblich über Nacht entschuldet wurden. Doch mit der Währungsstabilisierung wurden auch die Kredite, auf die sie weiterhin angewiesen waren, wieder sehr teuer, während gleichzeitig ein weiterer Preisverfall bei Fleisch, Milch und auch Getreide zu verzeichnen war. Viele Bauern, vor allem die spezialisierten Kleinbetriebe, überschuldeten sich, konnten Rechnungen, Kredite und Steuern nicht mehr zahlen. Es kam ab 1926 in zunehmendem Maße zu Zwangsversteigerungen von Bauernhöfen, oftmals auf Betreiben von Viehhändlern, die in der Regel auch die Kreditoren waren. Da es sich bei diesen häufig um Juden handelte, fand – angeheizt von nationalistisch-rassistischer Agitation der rechtsradikalen Gruppierungen – der radikale Antisemitismus Zustimmung in der Landbevölkerung, die ansonsten gar nichts mit Juden zu tun hatte. Denn der Anteil der Juden an der Gesamtbevölkerung lag provinzweit bei etwa 0,4 Prozent und beschränkte sich zudem auf wenige Städte.

Der Protest gegen die «Vertreibung von der Scholle» formierte sich und fand seine Zuspitzung in der völkisch-radikalen «Landvolkbewegung», die durch Massenproteste, zivilen Ungehorsam wie Steuerboykott und schließlich auch Anschläge und Bombenattentate auf Ämter und Repräsentanten der Obrigkeit auf sich aufmerksam machte. Strafprozesse gegen ihre Protagonisten wie Claus Heim führten zu noch mehr Zulauf. Die «Landvolkbewegung», die in den Krisenregionen die traditionellen Organisationen der Bauern nahezu ganz verdrängte, erreichte ihren Höhepunkt 1929. Antidemokratisches Denken machte sich immer mehr in der Landbevölkerung breit. Geringe gesellschaftliche Differenzierung, weitgehend gleichgerichtete wirtschaftliche Interessen und Krisenängste sowie starke soziale Kontrolle brachten in den Dörfern und Kleinstädten ein Klima hervor, in dem die politische Unzufriedenheit schnell weite Kreise ziehen und von derjenigen Partei, die diese Unzufriedenheit laut artikulieren und an sich binden konnte, funktionalisiert werden konnte. Der Boden war somit bereitet, auf dem die agitatorische Saat der NSDAP aufgehen konnte. Diese vermochte ab 1928 vermittels ihrer «modernen» Propaganda der Landbevölkerung zu vermitteln, dass mit gewalttätigen Aktionen gegen den Staat letztlich nichts zu gewinnen sei, sondern dass man sich einer außerhalb des «Weimarer Systems» stehenden politischen Partei anschließen müsse. Und als solche politische Kraft konnte sich die NSDAP darstellen. 1929 wurde der Zulauf durch die Landbevölkerung signifikant und mit der sich schnell ausweitenden allgemeinen Wirtschaftskrise in Folge des New Yorker Börsenzusammenbruchs unaufhaltsam. Dagegen zeigte sich die Industriearbeiterschaft gegenüber dem Nationalsozialismus weitgehend immun. Hier offenbarte sich der Zerfall der Weimarer Demokratie eher im Aufstieg der KPD.

Die organisatorische Ausbreitung der NSDAP spiegelte die propagandistischen Bemühungen und entsprach der steigenden Akzeptanz, der sich die Parolen der Partei erfreuten. Diese fanden breiten Widerhall: Jeder Unzufriedene konnte sich angesprochen fühlen – auch in Kreisen außerhalb der bäuerlich-kleinbürgerlichen Schichten. Auch und gerade Repräsentanten der Obrigkeit – und hier nicht wenige Pastoren – wurden eifrige Parteigänger, die nicht selten selbst zum wichtigen Sprachrohr des Nationalsozialismus wurden. Etwa ein Viertel der schleswig-holsteinischen Gemeindepfarrer gehörte 1932 bereits der Partei an, der es in dieser Phase darüber hinaus gelang, Personenkreise für sich zu gewinnen, deren gesellschaftliche Stellung und Reputation die NSDAP aufwerteten: Ärzte, Rechtsanwälte und höhere Beamte. Viele dieser Personen nahmen bald wichtige Funktionen in der Partei wahr – und später in öffentlichen Ämtern.

Der massenhafte Zustrom zur NSDAP fand ab 1930 statt. Bis zur Verhängung des Partei-Aufnahmestopps im April 1933 erreichte der ‹Gau Nordmark› die reichsweit höchste Mitgliederdichte: Auf 18 Einwohner kam ein NSDAP-Mitglied. Bei den Reichstagswahlen im September 1930 war die NSDAP mit 27 % bereits zweitstärkste Partei knapp hinter der SPD. Zugleich mussten die übrigen Rechtsparteien starke Einbußen hinnehmen. Zwei Jahre später, bei den Juliwahlen 1932, stimmten über 51 % der Wähler für die NSDAP – ein Ergebnis, mit dem Schleswig-Holstein im reichsweiten Vergleich an der Spitze lag. In einigen Regionen Schleswig-Holsteins lag der Stimmenanteil der Partei weit über 70 %. Konsequent erhob sie nunmehr die Forderung, die Provinzial-, Kreis- und Kommunalverwaltungen dieser politischen Lage anzupassen und der Partei Teilhabe an der Macht zuzugestehen. Doch erst mit der Regierungsübernahme Hitlers in Berlin im Januar 1933 konnte sich die NSDAP auch in Schleswig-Holstein ganz und gar durchsetzen. Bei den letzten Wahlen der Weimarer Republik erreichte sie im März 1933 mit 53% wieder den reichsweiten Spitzenplatz. Es begann nun die Beseitigung der Demokratie und ihrer Institutionen. Diese bestand in erster Linie darin, gestützt auf den Terror der SA, öffentliche Ämter zu usurpieren. Ein wichtiger Schritt in diesem Prozess war die Einsetzung der NSDAP-Gauleiter in das Amt des Oberpräsidenten. Gauleiter Hinrich Lohse wurde im März 1933 in dieses Amt gesetzt, das er bis zum Kriegsende innehaben sollte. Außerdem wurden die demokratisch legitimierten Selbstverwaltungsorgane beseitigt und der Provinziallandtag aufgelöst. Parallel erfolgte die Gleichschaltung der Landrats- und Kommunalämter.

Eine grundlegende territoriale Umgestaltung führte der NS-Staat im März 1937 im Süden Holsteins durch, indem durch das «Groß-Hamburg-Gesetz» drei Hamburger Umlandstädte (Altona, Wandsbek, Harburg) und ein Dutzend kleinere Gemeinden mit der Hansestadt verschmolzen wurden, die dafür ihren Streubesitz in Holstein an Preußen abtrat. Mit Altona verlor Schleswig-Holstein seine größte Stadt. Dafür gewann es Lübeck, dessen über 700jährige Eigenstaatlichkeit gleichzeitig per Gesetz aufgelöst wurde. Ebenso fiel der oldenburgische Landesteil Lübeck (d.h. das Gebiet des ehemaligen Fürstbistums Lübeck) als nunmehriger Kreis Eutin an die Provinz.

Als die NSDAP 1932 die Mehrheit der Wähler gewann, waren bereits viele Organisationen und Berufsverbände im Prozess der Selbstgleichschaltung, die nach 1933 vollendet wurde. Die Gleichschaltung erfasste binnen kurzem alle Lebensbereiche und alle Bevölkerungsschichten. Die politischen Gegner vor allem in SPD, KPD und in den Gewerkschaften wurden verfolgt, misshandelt und in «Schutzhaft» genommen; die Gewerkschaftsorganisation wurde am 2. Mai 1933 zerschlagen, alle Parteien außer der NSDAP wurden verboten.

Schleswig-Holstein wurde von der NSDAP-Führung in jeder Hinsicht als Mustergau wahrgenommen. Und dies sollte bis zum Ende des ‹Dritten Reiches› auch so bleiben. Mit der völligen Durchdringung und Gleichschaltung der Öffentlichkeit, mit der Einschränkung der Weimarer Reichsverfassung ab Februar 1933, schließlich durch das Ermächtigungsgesetz (24.3.1933), das den permanenten Ausnahmezustand über das Reich begründete, wurden dem Hitler-Regime innerhalb weniger Wochen die scheinlegalen Instrumentarien in die Hand gegeben, jegliche Opposition zu unterdrücken. Verwaltung, Polizei und Justiz wurden zu funktionierenden Organen des NS-Maßnahmenstaates, der bei der ganz überwiegenden Mehrheit der Bevölkerung auf Zustimmung stieß. Die Verbände der Partei (SA, SS, Hitlerjugend etc.) sowie der Reichsarbeitsdienst festigten die nationalsozialistische Indoktrination der ‹Volksgemeinschaft› und leisteten der allgemeinen Militarisierung der Gesellschaft Vorschub. Dies umso mehr, als vor allem durch das Aufrüstungsprogramm des Regimes das Wirtschaftsleben einen markanten Aufschwung erlebte. Schleswig-Holstein und insbesondere Kiel wurden wieder zur maritimen Rüstungsschmiede des Reiches. Andere beschäftigungspolitische Maßnahmen kamen dem Mittelstand und der Landwirtschaft zugute und beseitigten die Massenarbeitslosigkeit. Bis 1938 sank die Arbeitslosenquote in der Provinz auf 1,3 Prozent.

Die Kehrseite des «schönen Scheins» waren Ausgrenzung und Gewalt. Sie waren unübersehbar und alltäglich, wurden dennoch von der Bevölkerung wenig oder gar nicht zur Kenntnis genommen. Sie trafen all jene, die sich dem NS-Regime nicht unterordnen wollten, die Kritik übten an Erscheinungsformen der Herrschaft, und sie trafen in zunehmender Schärfe die jüdische Bevölkerung, die hier wie überall im Reich ab 1933 stigmatisiert, verfolgt und vertrieben wurde. Wem es bis Herbst 1941 nicht gelungen war zu emigrieren, wurde in ein Ghetto in den besetzten Ostgebieten deportiert und schließlich ermordet. Die meisten der aus Schleswig-Holstein deportierten Juden ereilte dieses grausame Ende in Riga. Dort residierte ab Sommer 1941 Gauleiter Lohse in seiner Funktion als Reichskommissar für das Ostland. Dieses war nach dem Überfall auf die Sowjetunion von den deutschen Eroberern aus den drei besetzten baltischen Staaten Litauen, Lettland, Estland sowie einem Teil Weissrusslands zusammengefügt worden. Mit Lohse an der Spitze wurde es überwiegend von Verwaltungsbeamten und Parteifunktionären aus Schleswig-Holstein ‹regiert› – was aus nichts anderem bestand als der Ausbeutung der materiellen und menschlichen Ressourcen für die deutsche Kriegführung und Vorbereitung des Landes für die Aufsiedelung durch die deutsche ‹Herrenrasse›. Das ‹Ostland› wurde als schleswig-holsteinische Kolonie betrachtet.

Verrohung und Gewalt fanden sich während des Krieges zunehmend auch in Schleswig-Holstein. Sie trafen sowohl die ‹Volksgemeinschaft› als auch vor allem die ausländischen Zwangsarbeiter und spiegelten sich in der lawinenartigen Zunahme der Verfahren vor dem NS-Sondergericht. In den 1944 eingerichteten Konzentrationslagern Ladelund, Husum-Schwesing, Kaltenkirchen und einigen Außenkommandos des KZ Neuengamme sowie in dem von der Kieler Sicherheitspolizei hauptsächlich zur Disziplinierung ausländischer Zwangsarbeiter angelegten «Arbeitserziehungslager Nordmark» fanden in den letzten Monaten der NS-Herrschaft über Tausend Häftlinge den Tod. Rund 225 000 Ausländer arbeiteten während des Krieges in Schleswig-Holstein, mehr als 90% von ihnen zwangsweise – überwiegend in der Landwirtschaft und auf den Werften.

Während des Krieges fanden nicht nur die polizeiliche Überwachung und die strafrechtliche Ahndung resistenten Verhaltens, sondern auch die Konzentration der Parteiherrschaft eine weitere Zuspitzung, indem den Parteihierarchen zusätzlich militärische beziehungsweise quasi-militärische Funktionen übertragen wurden. Als Reichsverteidigungskommissar für den Gau Nordmark kam Lohse ab 1942 im ‹totalen Krieg› eine fast unumschränkte Herrschaftsrolle in Schleswig-Holstein zu. Je näher der Untergang rückte, desto härter griff das Regime durch. Noch über das Kriegsende hinaus fanden standrechtliche Erschießungen statt.

Bis zum Kriegsende im Mai 1945 blieb Schleswig-Holstein weitgehend von Kriegshandlungen und Zerstörungen verschont.

Nur die großen Städte hatten unter Luftangriffen und Bombenschäden stark zu leiden, insbesondere Kiel als Kriegsmarinestützpunkt und Werftstandort. Schon von 1940 an fanden Luftangriffe auf Kiel statt, die ab 1943 an Intensität zunahmen und bis in die letzten Kriegstage erfolgten. Am schwersten wurden die Wohngebiete getroffen; in der Altstadt blieben nur vier Prozent der Gebäude verschont. Vom gesamten Kieler Wohnraum waren am Ende rund 80 Prozent zerstört oder stark beschädigt. Kiel zählte damit zu den am stärksten zerstörten Städten des Reiches. In der Ruinenstadt hielt sich im Mai 1945 nur noch die Hälfte der Vorkriegsbevölkerung auf. Über 150000 im Laufe des Bombenkrieges obdachlos Gewordene waren ins Umland evakuiert worden. Dank zahlreicher Luftschutzbunker waren ‹nur› 3000 Bombenopfer zu beklagen. Die städtische Infrastruktur war völlig zusammengebrochen, die Werften waren ein einziges riesiges Trümmerfeld und der Hafen übersäht mit ganz oder halb versunkenen Schiffen: vom schweren Kreuzer bis zur Hafenbarkasse. Lübeck wurde am 28./29. März 1942 zum Ziel des ersten Flächenbombardements der Royal Air Force, bei dem große Teile der historischen Altstadt zerstört wurden. Danach blieb Lübeck als Rote-Kreuz-Stadt von weiteren Luftangriffen verschont. In der Schlussphase des Krieges wurden auch Flensburg, Elmshorn, Neumünster und Oldesloe durch Luftangriffe in Mitleidenschaft gezogen.

Das Ende des Krieges vollzog sich ohne größere Kampfhandlungen. Am 4. Mai 1945 wurde von der auf den Marinestützpunkt Flensburg-Mürwik ausgewichenen neuen Reichsregierung unter Großadmiral Karl Dönitz mit der 21. Britischen Heeresgruppe unter Feldmarschall Montgomery ein ab dem folgenden Tag geltender Waffenstillstand ausgehandelt und am 9. Mai das ganze Land bis zur dänischen Grenze von britischen Truppen besetzt. Bis zum 23. Mai ließen die Briten die ‹Geschäftsführende Reichsregierung› Dönitz gewähren. Dann wurde sie verhaftet und an das alliierte Kriegsverbrechertribunal überstellt.

Besonders tragisch war das Kriegsende für mehr als 7000 KZ-Häftlinge, die in mörderischen Fußmärschen zur Lübecker Bucht getrieben und auf drei vor Neustadt liegenden Passagierschiffen zusammengepfercht wurden. In der irrigen Annahme, es handele sich um deutsches Militär, versenkten am 3. Mai 1945 britische Bomber die drei Schiffe, wobei fast alle Häftlinge den Tod fanden.

IX. Schleswig-Holstein im Bund

1. Nachkriegsnot und demokratischer Neubeginn

Schleswig-Holstein spielte wie schon beim Aufstieg des Nationalsozialismus auch nach dem Ende der NS-Herrschaft eine besondere Rolle: Nicht nur dadurch, dass hier unzählige NS-Funktionäre untertauchen konnten und dass alte Eliten bald wieder die neuen waren. Auch bei der flächendeckenden, von der Besatzungsmacht nach Formalkriterien in Gang gesetzten, dann aber sukzessive an deutsche Instanzen abgegebenen Entnazifizierung stellte sich am Ende heraus, dass es in Schleswig-Holstein nur Mitläufer und Entlastete gab. Der SPD-Oppositionsführer Wilhelm Käber formulierte 1951 im Kieler Landtag angesichts dessen ironisch, einen Nationalsozialismus habe es in Schleswig-Holstein nicht gegeben. Nicht wenig hing dieses Misslingen der politischen Säuberung mit der pragmatischen Besatzungspolitik der Briten zusammen, deren Hauptinteresse war, dass Wirtschaft und Verwaltung wieder funktionierten und die materiellen Probleme nicht überhand nahmen. Deshalb wurden von der Besatzungsregierung – ab Mai 1946 handelte es sich um eine zivile mit einem ‹Regional Commissioner‘ (ab 1949 Land Commissioner) in Kiel an der Spitze – ‹bewährte› deutsche Fachleute nach kurzer Zeit wieder herangezogen.

Die Herausforderungen waren angesichts der Lage gewaltig: Vor den vorrückenden alliierten Truppen hatten sich viele deutsche Einheiten in den Norden zurückgezogen. Zahlreiche militärische und zivile Dienststellen hatten ihren Sitz nach Schleswig-Holstein verlegt. Häftlinge aus den aufgelösten Konzentrations-, Schutzhaft-, Zwangsarbeiter- und Gefangenenlagern,

Displaced Persons genannt – insgesamt über 100 000 Menschen –, waren im Land. Vor allem aber waren in den letzten Kriegswochen Hundertausende Flüchtlinge überwiegend über die Ostsee nach Schleswig-Holstein gekommen. Und ihre Zahl nahm nach den Gebietsabtrennungen im Osten in Folge des Potsdamer Abkommens sowie nach der Rückführung der in Dänemark gelandeten Ostflüchtlinge nach Deutschland weiter zu: Bis 1948 wurden es insgesamt rund 1,2 Millionen, wodurch sich die Bevölkerungszahl fast verdoppelte. Angesichts des Kriegselends und der wirtschaftlichen Struktur des Landes war dies für Schleswig-Holstein eine kaum zu tragende Belastung. Schleswig-Holstein stand damit hinsichtlich der Flüchtlingsaufnahme im Verhältnis zur einheimischen Bevölkerung weit an der Spitze vor allen anderen deutschen Ländern.

Die Flüchtlinge kamen in ein Land, das in keiner Weise auf die Aufnahme einer so großen Bevölkerungszahl vorbereitet war und in dem die Einheimischen ihnen – zumindest in der Anfangszeit – vielfach mit Ablehnung oder gar Feindschaft begegneten. Der Zustrom konnte anfangs kaum gelenkt werden. Die Hauptlast der Flüchtlingsaufnahme hatten die Landkreise zu tragen, deren Bevölkerung dadurch bis 1950 um 94 Prozent zunahm. In nicht wenigen Kleinstädten und Dörfern stellten die Flüchtlinge jetzt sogar die Mehrheit der Einwohner. Wohnraum, Nahrung, Kleider und Heizstoffe waren völlig unzureichend. Eine irgendwie angemessene Verteilung schien kaum möglich. Hunger, Elend und innere Gegensätze waren zu erwarten.

Ein Ausdruck solcher Gegensätze zwischen Einheimischen und Flüchtlingen war das so bezeichnete Neudänentum im Landesteil Schleswig. Hier stieg die Mitgliedschaft im Südschleswigschen Verein, der Organisation der einheimischen Dänischgesinnten, innerhalb zweier Jahre nach Kriegsende von etwa 2500 auf über 70 000. Aus diesem Verein heraus fand eine Art Irredenta statt, die darauf zielte, den Landesteil Schleswig administrativ von Holstein zu trennen und mittelfristig wieder unter die dänische Krone zu bringen. Die dänische Regierung hielt sich in dieser Frage aber klug zurück. Für sie lag die Grenze fest, wie sie mehrfach zu verstehen gab. Außerdem war eine Zielrichtung des Neudänentums vielen deutlich: Es diente als Instrument, die unbeliebten Ostflüchtlinge loszuwerden. Auch die britische Militärregierung gab den Grenzverschiebungs- und Umsiedlungsbegehren in den nördlichen Regionen ihrer Besatzungszone nicht nach. Allerdings drängte sie 1948 die Landesregierung, die nationale Minderheitenfrage politisch zu lösen. Das führte im September 1949 zur ‹Kieler Erklärung›, mit der der dänischen Minderheit weitgehende politische und kulturelle Rechte zugesichert wurden. Diese Erklärung und die nach neuerlichen Friktionen im März 1955 im Einvernehmen mit der dänischen Regierung verkündeten «Bonn-Kopenhagener-Erklärungen», mit denen die Rechte der beiden nationalen Minderheiten, der deutschen in Nordschleswig und der dänischen in Schleswig-Holstein, klar abgesteckt wurden, legten den Grundstein für den nationalen Ausgleich und den vielfach als vorbildhaft angesehenen Grenzfrieden. Es gilt demnach das unumstößliche Prinzip, dass die nationale Gesinnung weder politisch in Frage gestellt noch behördlich überprüft werden darf. Mit der 1990 verabschiedeten neuen schleswig-holsteinischen Landesverfassung wurde die politische Mitsprache und Kulturpflege der dänischen Minderheit unter privilegierten Schutz gestellt; nunmehr wurde auch die nordfriesische Volksgruppe, die lange darum gekämpft hatte, in diese Privilegierung einbezogen.

Der von der Besatzungsmacht kontrollierte Wiederaufbau der Verwaltung orientierte sich an den Strukturen aus preußischer Zeit, wobei allerdings eine Zusammenlegung der Verwaltungsebenen durchgeführt wurde. An der Spitze stand weiterhin der Oberpräsident, dem allerdings auch die Aufgaben und Befugnisse des abgeschafften Regierungspräsidenten übertragen wurden. Der Sitz der Regierung und Landesverwaltung wurde gegen Widerstände von Schleswig nach Kiel verlegt. Als Ausgleich wurden Oberlandesgericht und Verwaltungsgerichte sowie das Landesarchiv nach Schleswig verlegt. Dort wurden zudem, mit Schloß Gottorf als Mittelpunkt, die Landesmuseen angesiedelt.

Mit Theodor Steltzer, dem von den Nationalsozialisten entlassenen Landrat von Rendsburg, Wehrmachtsoffizier und vom

NS-Regime verfolgten Mitglied des Kreisauer Widerstandskreises, übertrug die Militärregierung im Herbst 1945 das Oberpräsidentenamt einem Politiker, dessen Fähigkeiten und Integrität unzweifelhaft waren und der beim Wiederaufbau der Demokratie Entscheidendes geleistet hat. Steltzer war Mitbegründer der CDU.

Ab September 1945 durften sich politische Parteien neu bilden. Im Februar 1946 erhielt das Land in Form des – von der Besatzungsmacht ernannten – Landtages in Kiel ein parlamentarisches Forum, von dem aus der demokratische Neubeginn ausgehen konnte. Erste freie Wahlen seit 1932 fanden im Herbst 1946 auf kommunaler und Kreisebene statt. An ihrem Ergebnis orientierte sich die Zusammensetzung des zweiten von der Besatzungsregierung ernannten Landtages im Dezember 1946. Binnen kurzem entstand das Parteienspektrum, das dann jahrzehntelang die Landespolitik beherrschen sollte: ein linker Block mit der SPD als dominierender und nach dem KPD-Verbot einziger Kraft – und ihr gegenüber ein bürgerlicher Block, der zunächst recht heterogen war, in dem aber die CDU in den 1950er Jahren die Führung übernahm. Zu diesem bürgerlich-konservativen Lager gehörten außerdem die FDP, die bis in die 1960er Jahre politisch rechts von der CDU stand, sowie die DP (Deutsche Partei), die allerdings Mitte der 1950er Jahre von der CDU aufgesogen wurde. Eine besondere Rolle spielte in diesem politischen Lager ab ihrer Zulassung 1950 die politische Interessenvertretung der Flüchtlinge, der Bund der Heimatvertriebenen und Entrechteten (BHE), bis auch dieser mit der wirtschaftlich-gesellschaftlichen Integration der Flüchtlinge zehn Jahre später von der politischen Bühne verschwand. Ab 1950 dominierte das bürgerlich-konservative Lager das politische Geschehen. Fast 38 Jahre lang, neun Legislaturperioden, sollte diese Vorherrschaft unter CDU-Führung dauern und erst durch die Barschel-Pfeiffer-Affäre 1987 ins Wanken geraten. Von 1971 an regierte die CDU allein mit absoluter Mehrheit der Mandate. Rechtsextreme Parteien errangen zweimal Sitze im Landtag: 1967 erhielt die NPD vier Sitze und 1992 die DVU sechs Sitze. Der Einzug der DVU in den Landtag war nicht nur Ausdruck einer latenten, mit den Wirtschaftsproblemen seit den 1980er Jahren anwachsenden Fremdenfeindlichkeit, er ging auch einher mit einer Welle ausländerfeindlicher, neonazistischer Gewalthandlungen, die Anfang der 1990er Jahre das Land überzog und mit den Brand- und Mordanschlägen in Mölln 1992 und Lübeck 1994 und 1996 ihren traurigen Höhepunkt erreichten. Bei letztgenanntem Brandanschlag auf ein Wohnhaus kamen im Januar 1996 zehn Asylbewerber zu Tode, 38 weitere Bewohner des Hauses wurden zum Teil schwer verletzt.

Im April 1947 fanden die ersten freien Landtagswahlen statt. Aus ihnen ging die SPD mit einer absoluten Mehrheit der Mandate als Siegerin hervor. Bis 1950 stellte sie allein die Regierung. Noch während der Zeit des ersten ernannten Landtages hatte sich ein von allen Parteien getragener Konsens ergeben, dass sich der politische Neuaufbau in einem selbständigen Land abspielen sollte, das an die vorpreußischen Traditionen anknüpfen wollte. Dies hatte bereits im Juni 1946 seinen Ausdruck in der Verabschiedung einer provisorischen Landesverfassung gefunden. Mit der «Verordnung Nr. 46» vom 23. August 1946 ließ die britische Militärregierung die Bildung von Ländern in ihrer Besatzungszone zu. Dieses Datum gilt als Geburtsstunde des Landes Schleswig-Holstein. Der Oberpräsident nannte sich von nun an Ministerpräsident. Die letzten staatsrechtlichen Hemmnisse fielen mit der Auflösung des preußischen Staates durch das alliierte Kontrollratsgesetz vom 25. Februar 1947. Nach der Gründung der Bundesrepublik am 23. Mai 1949 wurde Schleswig-Holstein eines ihrer Länder. Im Dezember desselben Jahres wurde die dem Grundgesetz angepasste Landesverfassung, jetzt Landessatzung genannt, vom Landtag verabschiedet. Mit ihrem Artikel 5 über die Rechte der dänischen Minderheit enthielt sie allerdings ein schleswig-holsteinisches Spezifikum.

Neben der Konsolidierung demokratischer Strukturen waren die gewaltigen wirtschaftlichen und sozialen Probleme, insbesondere die Beseitigung der Wohnungsnot und die Sicherung der Ernährungslage, die vorrangigen Aufgaben der ersten Landesregierungen. Hier gab es manchen Konfliktstoff – sowohl mit der Besatzungsmacht als auch innerhalb und zwischen den politischen Parteien. Der erste aus einer Landtagswahl hervorgegangene Ministerpräsident, Hermann Lüdemann (SPD), trat 1949 nicht zuletzt aus diesen Gründen zurück. Auf heftigen Widerstand stieß zudem sein Beharren, mit Hamburg und Niedersachsen einen Nordstaat zu bilden. Zu diesem Zeitpunkt zeichnete sich bereits ein dramatischer politischer Stimmungsumschwung ab, den Lüdemanns Nachfolger Bruno Diekmann (SPD) nicht aufzuhalten vermochte. Die Landtagswahl im Juli 1950 bescherte denn auch der regierenden SPD Stimmenverluste in Höhe von 15 Prozent und dem bürgerlichen Block eine Zweidrittelmehrheit.

Der Alltag der Menschen war in den ersten Nachkriegsjahren wie überall in Deutschland von archaisch anmutenden Tausch- und Kompensationsgeschäften, vom ‹Organisieren›, geprägt. Schwarz- und Schleichhandel zwischen Stadt und Land blühten, obwohl das öffentliche Verkehrswesen vollkommen zusammengebrochen war. In dieses ungeregelte Wirtschaftsleben wieder Ordnung zu bringen, war eine der größten Aufgaben der neuen Landesverwaltung. Zu einer durchgreifenden und stetigen Verbesserung der Lage kam es aber erst nach der Währungsreform im Juni 1948, durch die der Tauschhandel unterbunden und das Wirtschaftsleben, wenngleich auf niedrigem Niveau, konsolidiert wurde.

Nach der Währungsreform kam auch Schleswig-Holstein in den Genuss des European Recovery Programs (ERP, auch Marshallplan genannt), doch dauerte es hier wegen des Ausmaßes der Schwierigkeiten länger als in den anderen westdeutschen Ländern, bis die durch dieses Programm angestoßenen Maßnahmen ihre Wirkung zeigten. Abgesehen von dieser zeitlichen Verzögerung war die wirtschaftliche Entwicklung in Schleswig-Holstein gewissermaßen ein Spiegel der gesamten bundesdeutschen seit dem Einsetzen des sogenannten Wirtschaftswunders. Die Teilhabe daran ermöglichten allerdings erst Sonderzahlungen des Bundes und der Länderfinanzausgleich, in deren Genuß Schleswig-Holstein als steuerschwaches Land von Anfang an kam. Diese Finanzhilfen machten in manchen Jahren die Hälfte der Einnahmen des Lande aus. Erst 1995 wurde es selbst zum ersten Mal als «ausgleichsverpflichtet» eingestuft. Umsiedlungsaktionen von Flüchtlingen, Arbeitsbeschaffungsmaßnahmen und die Förderung von Unternehmensansiedlungen stabilisierten die Wirtschaftslage. Deutlicher Indikator dafür, dass Schleswig-Holstein schließlich am allgemeinen wirtschaftlichen Aufschwung partizipierte, war das Sinken der Arbeitslosenzahlen: 1950 verzeichnete man noch fast 200 000 Arbeitslose, zehn Jahre später waren es nur noch knapp 20 000. Damit war mit einer Quote von 2,6 Prozent auch hier Vollbeschäftigung hergestellt (im Bundesdurchschnitt lag sie 1960 bei 1,3 Prozent). Großen Anteil daran hatte, dass die Schiffbauindustrie Mitte der 1950er Jahre wieder in Schwung kam, nachdem der Schiffsneubau von der britischen Besatzungsmacht zunächst verboten worden und Werften stillgelegt oder demontiert worden waren. Allein dadurch hatten annähernd 100 000 Arbeiter ihren Arbeitsplatz verloren. In Kiel, dem bedeutendsten Werftstandort, blieb nur noch eine der ehemaligen Großwerften – die Howaldtswerft – bestehen. Allerdings konnten sich in Kiel wiederum einige mittelständische Schiffbaubetriebe etablieren, die durch Spezialisierung die spätere Krise im Schiffbau großenteils überstanden.

Mit dem Wirtschaftsaufschwung ging ein grundlegender struktureller Wandel einher. Das lag nicht nur daran, dass die vor 1945 dominierende Rüstungsindustrie bis Ende der 1950er Jahre keine Rolle mehr spielte und die von ihr abhängig gewesene Industrie des Landes auf andere Produktionszweige umstellen musste. Hier boten sich der Maschinenbau, die Kfz-Zulieferung und die Konsumgüterindustrie an. Auch neue Industriezweige entstanden und gewannen zunehmend an Bedeutung – insbesondere die im Unterelberaum angesiedelte Petrochemie, die Elektro- und Elektronikindustrie in Kiel und Lübeck und der Apparate- und Schiffbau in Flensburg. Zudem hatte der Anstieg der Bevölkerung durch Flucht und Vertreibung die Zahl der Konsumenten entsprechend erhöht, die im Aufschwung des Wirtschaftswunders die Konsumgüterindustrie belebten. Immer mehr Menschen konnten sich moderne technische Haushaltsgeräte und Einrichtungsgegenstände leisten. Die einsetzende Motorisierung führte zur Mobilität im Arbeitsleben und zu verändertem Freizeitverhalten. Letzteres wirkte sich dahingehend aus, dass der Fremdenverkehr ein wichtiger Wirtschaftsfaktor wurde, der bezogen auf die Seebäder von der deutschen Teilung und dem Wegfall klassischer Badeorte profitierte. Schon 1958 wurden fast fünf Millionen Übernachtungen verzeichnet.

Mit den ab 1948 zur Verfügung gestellten ERP-Geldern wurden neben dem Wohnungsbau zu einem guten Teil große infrastrukturelle Projekte finanziert. Sie betrafen zum einen den Küstenschutz an der Nordsee bzw. dortige Landgewinnungsmaßnahmen durch Eindeichung und Schaffung von Kögen, zum anderen regionale Hilfen wie das ‹Programm Nord›. Bei diesem handelte es sich um ein umfangreiches Meliorationsprogramm, mit dem ab 1953 im nördlichen Landesteil Schleswigs weiträumige Geest- und Marschgebiete landwirtschaftlich und verkehrstechnisch erschlossen und durch die Kultivierung von rund 100000 Hektar Land rund 10000 neue Siedlerstellen geschaffen wurden. 1960 wurde das Programm auf die landwirtschaftliche Modernisierung der gesamten Westküstenregion ausgeweitet, und ab 1972 wurden auch strukturschwache Gebiete der schleswigschen Ostküste einbezogen.

Ab 1952 schuf die durch das Lastenausgleichsgesetz ermöglichte finanzielle Entschädigung für im Osten verloren gegangenen Besitz den Flüchtlingen die Grundlage für den Aufbau von Gewerbebetrieben bzw. die Finanzierung von Wohngebäuden. Zur Integration von Flüchtlingen in die Landwirtschaft, aber auch zur Verbesserung der Ernährungslage insgesamt wurde bereits von der zweiten ernannten Regierung eine große Bodenreform geplant und von der Regierung Diekmann 1949 in ein Gesetz gefasst, dem zufolge aller landwirtschaftlicher Grundbesitz über 100 Hektar gegen Entschädigungszahlung enteignet und zur Schaffung neuer Hofstellen vergeben werden sollte. Die Umsetzung der Bodenreform war nach dem Regierungswechsel 1950 Gegenstand zum Teil heftiger Landtagsdebatten. Die Großgrundbesitzer konnten letztendlich durch eine freiwillige kollektive Abgabe von 30000 Hektar den Vollzug verhindern. 1960 wurde das Bodenreformgesetz vom Landtag offiziell aufgehoben. Zu diesem Zeitpunkt zeichnete sich allerdings ab, dass es obsolet geworden war. Denn durch die Technisierung (Traktorisierung), die Ertragssteigerungen (Kunstdünger) bei gleichzeitigem Preisverfall für Agrarprodukte und schließlich die durch die EWG veranlassten Reglementierungen waren neue Herausforderungen für die Landwirtschaft entstanden, die wegen der gestiegenen Investitions- und Unterhaltskosten die Rentabilität erst bei größeren Höfen gewährleisteten. Es setzte eine regelrechte Landflucht ein, zumal inzwischen die gewerbliche Wirtschaft aufgrund von Arbeitskräftemangel mit höheren Löhnen lockte. Der klassische Bauernhof verschwand im Zuge der Spezialisierung weitgehend von der Bildfläche. Ähnliches vollzog sich in der Fischerei, die zwar traditionell überwiegend auf Nord- und Ostsee beschränkte Küsten- und Kutterfischerei war, in den 1960er Jahren aber ebenfalls immer unrentabler wurde: Die Kosten stiegen, die Konkurrenz der Hochseefischerei wurde übermächtig, Fangquoten und -verbote führten zu erheblichen Beschränkungen, und schließlich schrumpften auch wegen Überfischung die Fangerträge – und die schleswig-holsteinische Fischereiflotte. In beiden primären Wirtschaftssektoren mussten die Landesregierungen immer wieder kostspielige Unterstützungsmaßnahmen in die Wege leiten, für die sich die einflussreichen Berufsverbände stark gemacht hatten.

Andere Wirtschaftszweige erlebten seit Mitte der 50er bis in die 60er Jahre einen starken Aufschwung. In erster Linie die Bauwirtschaft, die im Zuge des Wiederaufbaus der Städte und der Infrastrukturmaßnahmen boomte, sowie der Schiffbau. Schleswig-Holstein wurde ein weltweit bedeutender Schiffbaustandort. 1960 wurden landesweit 28 Werften verschiedener Größe gezählt. Für die Kieler Werften war bedeutsam, dass mit der Wiederbewaffnung und dem NATO-Beitritt der Bundesrepublik der Kriegsschiffbau wieder aufgenommen wurde und zu einem wichtigen Wirtschaftsfaktor wurde. Mit Ausnahme der Schiffbauindustrie und einiger Metall verarbeitender Betriebe wie der Carlshütte in Rendsburg oder der Metallhütte Herrenwyk in Lübeck hat sich in Schleswig-Holstein jedoch keine Schwerindustrie gebildet. Allerdings gab es einige nicht unbedeutende Maschinenbaufirmen sowie aufblühende Nahrungsmittel- und Konsumgüterfabriken. Nach 1960 wurden industrielle Arbeitskräfte knapp, es herrschte Vollbeschäftigung. Ausländische Arbeiter aus den Mittelmeerländern wurden nun auch nach Schleswig-Holstein geholt. Am Ende wurden es mehrere Zehntausend, die mit ihren Familien die Sozialkultur in den Städten nachhaltig prägten.

2. Wirtschaft und Gesellschaft im Wandel

Seit 1970 vollzogen sich erneut tiefgreifende Veränderungen im Wirtschaftsleben. Zunächst traf es die infolge von Überkapazitäten kriselnde Stahlbranche. Von den Ölkrisen der 70er Jahre war vor allem der Schiffbau betroffen, der vorher durch den Tankerbau boomte. Es setzte ein von Arbeitskämpfen begleiteter Abbau von Werftarbeitsplätzen ein. Trotz massiver staatlicher Subventionierung, trotz Rationalisierung und Spezialisierung sowie regelmäßiger Aufträge im Kriegsschiffbau konnten nicht zuletzt auch angesichts der fernöstlichen Konkurrenz nur einige Werften erhalten werden. So stellen die auf diesem Sektor heute rund 6000 Beschäftigten – davon über die Hälfte in Kiel – nur noch einen Bruchteil der ehemals über 50 000 Werftarbeiter dar. Das von ihnen und den Hafenarbeitern hervorgebrachte spezifische politisch-kulturelle Milieu ist damit auch fast nur noch historische Reminiszenz. Dies gilt auch für den längsten und härtesten Arbeitskampf in der bundesdeutschen Geschichte, den 34 000 schleswig-holsteinische Metallarbeiter 1956 um die Lohnfortzahlung im Krankheitsfall 16 Wochen lang erfolgreich ausfochten. Vom Abbau von Arbeitsplätzen war aufgrund der weltweiten Konkurrenz in besonderem Maße die Leder- und Bekleidungsindustrie betroffen, die 1950 noch ein Fünftel aller Arbeitsplätze im verarbeitenden Gewerbe stellte, inzwischen jedoch mit einem Anteil von knapp drei Prozent unbedeutend geworden ist.

Die Veränderungsprozesse betrafen auch andere Bereiche außer Landwirtschaft und Industrie: angefangen bei der Verwaltungsstrukturreform in den 1970er Jahren mit der Zusammenlegung von Landkreisen, der ‹Verschlankung› von kommunalen und regionalen Behörden bis hin zur Verkehrsinfrastruktur. Viele Bahnnebenlinien wurden stillgelegt, dafür der Straßenbau vorangetrieben. Der Autobahnbau erhielt besonders durch die Vergabe der Segelwettbewerbe für die Olympischen Spiele 1972 nach Kiel einen starken Impuls. Mit der stetigen Zunahme der PKW-Dichte, der Arbeitsmobilität und insbesondere der Verlagerung des Güterverkehrs von der Schiene auf die Straße wuchs der Bedarf an einem weiteren Ausbau des Autobahnnetzes, der noch immer nicht abgeschlossen ist. Eine besondere Bedeutung kommt dabei dem Transit von und nach Skandinavien und in den Ostseeraum zu. In diesem Zusammenhang entstanden von Lübeck und Kiel aus leistungsstarke Fährlinien. Mit der 1963 fertiggestellten Fehmarnsundbrücke und der seitdem laufend modernisierten Fährverbindung von Puttgarden nach Rødby sowie aufwendigen Straßenbauten zwischen Lübeck und Fehmarn wurde ein schneller Transit nach Inseldänemark und Südschweden geschaffen – die sogenannte Vogelfluglinie.

Mit dem wirtschaftlichen Strukturwandel vollzogen sich soziale und räumliche Veränderungsprozesse, die als Suburbanisierung bezeichnet werden. Damit ist die Verlagerung von Arbeiten und Wohnen in das städtische Umland gemeint. Dieser Prozess betraf vor allem das Hamburger Umland, wo es dadurch zu einem Anstieg der Bevölkerung um über 40 Prozent kam. Auch Kiel, Lübeck, Flensburg und Neumünster waren, wenngleich nicht in solchem Ausmaß, von diesem Prozess betroffen.

Schleswig-Holstein hatte wegen seiner strategischen Lage während des Kalten Krieges mit bis zu 100 000 Bundeswehrangehörigen aller Waffengattungen die bei weitem höchste Militärdichte der Bundesrepublik. Die Bundeswehr wurde zum größten Arbeitgeber im Land und war vor allem für die Landgemeinden in der Nähe der abgelegenen Standorte der wichtigste Wirtschaftsfaktor. Mannigfache infrastrukturelle Verbesserungen sind dort erst durch die Bundeswehr veranlasst worden. Nach der Wiedervereinigung Deutschlands ist über die Hälfte der Standorte geschlossen worden, andere sind verkleinert oder umstrukturiert worden. Das brachte erhebliche wirtschaftliche und gesellschaftliche Verwerfungen in den betroffenen Gemeinden mit sich. Die sogenannte Konversion ist vielerorts noch nicht abgeschlossen. Zudem sind weitere Standortschließungen geplant.

Schleswig-Holstein bietet zwar auch heute noch weithin das Bild einer agrarisch genutzten Kulturlandschaft. Doch mit gerade einmal zwei Prozent an der Wirtschaftsleistung des Landes ist der Stellenwert der Landwirtschaft inzwischen äußerst gering. Um 1950 lag er noch bei 22 Prozent und damit an zweiter Stelle hinter dem produzierenden Gewerbe. Seitdem haben mehrere Zehntausend vorwiegend klein- und mittelbäuerliche Familienbetriebe aufgegeben. Viele konnten sich wiederum nur halten, indem sie auf den Nebenerwerb Fremdenverkehr setzten, der vielfach zum Haupterwerb wurde. Gleichzeitig fand ein Konzentrationsprozess zu großbäuerlichen Betrieben statt. Diese erwirtschaften heute – nicht zuletzt durch Vollmechanisierung und Einsatz von Mineraldünger und Planzenschutzmitteln – weltweit die höchsten Erträge.

Aufgrund allgemein gestiegenen ökologischen Bewusstseins haben seit den 1980er Jahren allerdings alternativ wirtschaftende Bauern erfolgreich Nischen besetzten können. Deren Akzeptanz ist aufgrund wiederholter Skandale in der industriellen Landwirtschaft stetig gewachsen, wie überhaupt die Umweltschutzbewegung in Schleswig-Holstein im bundesrepublikanischen Zusammenhang eine Vorreiterrolle spielte. Hier fanden früh ökologische und linke Kräfte zueinander und formierten den außerparlamentarischen Widerstand gegen umstrittene industrielle Großprojekte wie den Bau von Kernkraftwerken. Ab den frühen 1970er Jahren sollte die Unterelberegion im großen Stil industrialisiert werden, wofür vier Kernkraftwerke gebaut wurden – Stade (1972 fertiggestellt), Brunsbüttel (1977), Krümmel (1984) und Brokdorf (1986) –, die eine breite Protestfront entstehen ließen. Besonders gewalttätig entluden sich die Proteste gegen den Bau des Kernkraftwerks Brokdorf. Sie erreichten ihren Höhepunkt am 28. Februar 1981, als sich am Bauplatz rund 100 000 Demonstranten und 10 000 Polizisten eine regelrechte Schlacht lieferten. Diese Auseinandersetzungen um die Atomkraft förderten den Entstehungsprozess der Umweltschutzpartei, die, nach vorangegangenen beachtlichen Erfolgen auf kommunaler Ebene, seit der Wahl 1996 – als Bündnis 90/Die Grünen – im Landtag vertreten ist und bis 2005 als Juniorpartner der SPD an der Regierung beteiligt war. In dieser Zeit wurden nicht ohne Widerstand wirtschaftlicher Interessengruppen einige wegweisende ökologische Gesetzmaßnahmen durchgeführt, wozu insbesondere die Ausweisung von Naturschutzgebieten und die Schaffung des Nationalparks Wattenmeer gehörte. Dazu zählt auch eine neue Energiepolitik durch Förderung der Windkraftanlagen. Diese liefern inzwischen rund 20 Prozent des im Lande verbrauchten Stroms.

Die Zukunft im Wirtschaftleben gehört technischen Innovationen und dem tertiären Sektor. Schon heute liegt in Schleswig-Holstein die Wertschöpfung im Dienstleistungsbereich bei 63 Prozent. Industrie und Handwerk machen nicht einmal mehr ein Drittel aus. Damit weist das Land von allen bundesdeutschen Flächenstaaten den geringsten Anteil an produzierendem Gewerbe auf. Bedenklich ist auch die ungleichgewichtige geographische Verteilung der Wirtschaftskraft mit ihrer starken Ballung im Hamburger Randgebiet, dem sogenannten Speckgürtel. Andere Regionen, vor allem der Norden des Landes, sind durch Abwanderung und hohe Arbeitslosigkeit gekennzeichnet.

Trotz dieser wirtschaftlichen Probleme und der sich im Zeichen der Globalisierung vollziehenden Veränderungen mit ihren bedenklichen sozialen Folgen erweisen sich die parlamentarisch-demokratischen Strukturen, anders als Ende der 1920er Jahre, als gefestigt. Die Konsensbereitschaft ist unter allen demokratischen Parteien durchweg vorhanden. Dies zeigte sich nach der letzten Landtagswahl im Februar 2005, als CDU und SPD angesichts der Pattsituation eine große Koalition unter Führung von Peter Harry Carstensen (CDU) eingingen. Carstensen löste Heide Simonis (SPD) ab, die knapp zwölf Jahre als erste und bisher einzige bundesdeutsche Ministerpräsidentin im Amt war. Ihre Wiederwahl scheiterte 2005 trotz rechnerischer Einstimmen-Mehrheit von SPD, Grünen und SSW (der Partei der dänischen Minderheit), weil ihr in der geheimen Abstimmung ein namentlich nicht bekannt gewordener Abgeordneter (oder eine Abgeordnete) ihres Lagers die Zustimmung versagte. Simonis war 1993 Björn Engholm nachgefolgt, der zurücktrat, weil in einem zweiten Untersuchungsausschuss zur Barschel-Pfeiffer-Affäre zutage kam, dass er seinerzeit mehr wusste, als er dem ersten Untersuchungsausschuss mitgeteilt hatte.

Die Barschel-Pfeiffer-Affäre hat im Herbst 1987 über die Landesgrenzen hinaus großes Aufsehen erregt: Wenige Tage vor der Landtagswahl am 13. September 1987 wurde publik, dass gegen Björn Engholm im engsten Umfeld des um seine Wiederwahl bangenden Ministerpräsidenten Uwe Barschel eine Verleumdungskampagne inszeniert worden war. Der dafür engagierte Journalist Reiner Pfeiffer hatte sich dem ‹Spiegel› offenbart. Barschel, der in seiner berühmt-berüchtigten Ehrenwortpressekonferenz alle Mitwisserschaft oder gar Anstifterrolle von sich wies, trat nach neuen, ihn belastenden Berichten zwei Wochen später zurück. Er wurde Mitte Oktober 1987 in einem Hotel in Genf tot aufgefunden. Nach zwölf Jahren staatsanwaltschaftlicher Ermittlung wurde Selbstmord als sehr wahrscheinliche Todesursache festgestellt.

Bei den Neuwahlen im Mai 1988 erzielte die SPD die absolute Mehrheit, und Björn Engholm wurde Ministerpräsident. 1990 führte der Landtag eine von allen Fraktionen getragene Verfassungsreform durch, die durch Schwächung der Stellung des Ministerpräsidenten Machtmissbrauch ausschließen sollte, die neue demokratische Instrumente wie Volksinitiative und Bürgerbegehren einführte und die Landessatzung symbolisch in eine volle Landesverfassung überführte.

Seit 1946 tauchte mit schöner Regelmäßigkeit die Frage auf, ob das Land Schleswig-Holstein auf Dauer als politisch-wirtschaftliche Einheit lebensfähig sei oder ob nicht ein Zusammenschluss mit anderen norddeutschen Bundesländern, in erster Linie mit Hamburg, zu einem Nordstaat Vorteile brächte. Bisher sind alle Politiker und Wirtschaftsfunktionäre mit diesen Plänen gescheitert. Denn die aus der Geschichte erwachsene Identität der Schleswig-Holsteiner erwies sich stets als stärker als vermeintliche wirtschaftliche Zwänge.

Literaturhinweise

Überblickswerke, Zeitschriften, Lexika

Bantelmann, Albert u. a.: Geschichte Nordfrieslands, Heide 1995.
Bohn, Robert: Dänische Geschichte, München 2001.
Brandt, Otto u. Wilhelm Klüver: Geschichte Schleswig-Holsteins, 8. Aufl. Kiel 1981.
Degn, Christian: Schleswig-Holstein. Eine Landesgeschichte, 2. Aufl. Neumünster 1994.
Demokratische Geschichte. Jahrbuch zur Arbeiterbewegung und Demokratie in Schleswig-Holstein, seit 1986.
Geschichte Dithmarschens, hrsg. vom Verein für Dithmarscher Landeskunde, Heide 2000.
Graßmann, Antjekatrin (Hg.): Lübeckische Geschichte, 3. Aufl. Lübeck 1997.
Lange, Ulrich (Hg.): Geschichte Schleswig-Holsteins, 2. Aufl. Neumünster 2003.
Nordelbingen. Beiträge zur Kunst- und Kulturgeschichte, seit 1923.
Opitz, Eckardt: Schleswig-Holstein. Landesgeschichte in Bildern, Texten und Dokumenten, Hamburg 1988.
Scharff, Alexander: Geschichte Schleswig-Holsteins. Ein Überblick. Neuausgabe, bearbeitet von Manfred Jessen-Klingenberg, 5. Aufl. Würzburg 1991.
Schleswig-Holstein Lexikon, hrsg. von K.-J. Lorenzen-Schmidt u. O. Pelc, Neumünster 2000.
Schleswig-Holsteinische Kirchengeschichte, hrsg. vom Verein für Schleswig-Holsteinische Kirchengeschichte, 4 Bde, Neumünster 1977–1984.
Schleswig-Holsteinisches Biographisches Lexikon, hrsg. von der Schleswig-Holsteinischen Landesbibliothek, 11 Bde, Neumünster 1970–2000.
Witt, Jann Markus u. Heiko Vosgerau (Hg.): Schleswig-Holstein. Von den Ursprüngen bis zur Gegenwart, Hamburg 2002.
Zeitschrift der Gesellschaft für Schleswig-Holsteinische Geschichte, seit 1833.

Spezialliteratur

Adam von Bremen: Bischofsgeschichte der Hamburger Kirche, Darmstadt 1968.
Brockstedt, Jürgen (Hg.): Frühindustrialisierung in Schleswig-Holstein, anderen norddeutschen Ländern und Dänemark, Neumünster 1983.

Brockstedt, Jürgen (Hg.): Wirtschaftliche Wechsellagen in Schleswig-Holstein vom Mittelalter bis zur Gegenwart, Neumünster 1991.

Danker, Uwe u. Astrid Schwabe: Schleswig-Holstein und der Nationalsozialismus, Neumünster 2005.

Danker, Uwe: Die Jahrhundertstory, 3 Bände, Flensburg 1998/99.

Diederichs Urs J.: Schleswig-Holsteins Weg ins Industriezeitalter, Hamburg 1986.

Hansen, Reimer: Aus einem Jahrtausend historischer Nachbarschaft, Malente 2005.

Helmold von Bosau: Slawenchronik, hrsg. von Heinz Stoob, Darmstadt 1980.

Hoffmann, Erich: Spätmittelalter und Reformationszeit, Neumünster 1990.

Jessen-Klingenberg, Manfred: Standpunkte zur neueren Geschichte Schleswig-Holsteins, Malente 1998.

Lammers, Walther: Das Hochmittelalter bis zur Schlacht von Bornhöved, Neumünster 1981.

Momsen, Ingwer E. (Hg.): Schleswig-Holsteins Weg in die Moderne, Neumünster 1988.

Scharff, Alexander: Schleswig-Holstein in der deutschen und nordeuropäischen Geschichte, gesammelte Aufsätze, hrsg. von Manfred Jessen-Klingenberg, Stuttgart 1969.

Sievers, Kai Detlev: Sozialgeschichte Schleswig-Holsteins in der Kaiserzeit 1867–1914, Neumünster 1991.

Weitling, Günter: Fra Ansgar til Kaftan. Sydslesvig i dansk kirkehistorie 800–1920, Flensborg 2005.

Personenregister

Hz. = Herzog, Gf. = Graf, Kg. = König, Ks. = Kaiser